아동인권의
정책과 실천

나남
nanam

김희진

2015년 변호사 시험에 합격하고, 2021년까지 아동인권옹호 NGO인 국제아동인권센터 구성원으로 일했다. 법학적 시각에 한계를 느끼며 사회학을 공부하게 되었고 "집에 대한 아동의 권리"를 주제로 2023년 박사학위 논문을 썼다. 《아동인권》 저자이며, 《생일 없는 아이들》, 《우리의 상처가 미래를 바꿀 수 있을까》, 《우리 모두는 어린이였다》 등에 공저자로 참여했다. 법실무가이자 연구자로서, 아동인권의 국제적 기준을 이행하기 위한 소송과 자문, 연구, 교육, 국제연대 등의 다양한 활동을 하며 살고 있다.

나남신서 2193

아동인권의
정책과 실천

2024년 12월 31일 발행
2024년 12월 31일 1쇄

기획   국가인권위원회
지은이   김희진
발행자   趙相浩
발행처   ㈜나남
주소   10881 경기도 파주시 회동길 193
전화   (031) 955-4601(代)
FAX   (031) 955-4555
등록   제 1-71호(1979.5.12)
홈페이지 http://www.nanam.net
전자우편 post@nanam.net

ISBN   978-89-300-4193-5
         978-89-300-8001-9 (세트)

책값은 뒤표지에 있습니다.

아동인권의
정책과 실천

김희진 지음
국가인권위원회 기획

Policies and Practices
for Children's Rights

by

Kim, Heejin

nanam

정의를 위한 정치적 책임*

공무원, 공공 업무를 담당하는 이들을 위한 책을 기획하고 쓰면서, "공무원들은 혁신, 선도라는 말을 선호하지 않는다"던 공무원 지인의 말을 떠올릴 수밖에 없었다. 과거와 다른 선택을 하지 않는 것에는 여러 이유가 있겠지만, 아마도 선례가 없던 만큼 새롭게 일궈야 할 과업들이 많기 때문이지 않을까 싶다. 누구나 새로운 시도는 어려운데, 그것이 공적 업무로서 영향력이 더 크다면 부담도 클 것이다.

관련하여, 《정의를 위한 정치적 책임》을 쓴 정치철학자 아이리스 매리언 영(Iris Marion Young)은 사람들이 그간 해오던 관행대로 일을 처리하고 수동적 태도를 보이는 것 자체가 죄일 수 없고 따라서 비난하지 말아야 하지만, 이들이 정치적 책임을 다한 것은 아니라고 했다. 잘못이 없는 사람에게도 책임은 있을 수 있다는 것이다.

---

*   서문의 제목은 아이리스 매리언 영의 《정의를 위한 정치적 책임》에서 가져왔다 [아이리스 매리언 영(2018). 《정의를 위한 정치적 책임》. 허라금·김양희·천수정 (옮김). 이화여자대학교 출판문화원].

사회를 살아가는 모든 개인은 역사의 한 단계를 차지하면서 그 흐름에 크고 작은 영향을 미친다. 정치적 책임이란 삶의 모든 국면과 연결될 수 있는 개념이고, 따라서 서로를 지지하면서 피해를 막거나 줄이는 노력은 정치적 책임의 구성 요소 중 하나이다.

또한, 아이리스 매리언 영은 "공유된 책임"을 소개하였다. 우리는 시민으로서 구조적 부정의가 발생하지 않도록 정치제도를 감시할 집단적 책임이 있고, 그 책임의 범주와 형태를 발전시켜야 할 책임도 있다. 기업의 가치사슬이 남반구의 노동 착취를 방지하고, 탄소중립에 대한 북반구의 선도적 역할이 기후정의에 이바지하며, 이주민에 대한 포용이 각 나라의 안정과 회복을 도모할 수 있다는 선순환의 흐름을 떠올려 보자. 지구적 불평등의 관점에서도 책임의 공유는 중요한 개념이다. 개인의 책임은 연결되어 확장될 수 있고, 그렇게 공유된 책임은 모두의 책임 의식도 높일 수 있다.

아이리스 매리언 영의 주장과 이론들은 이 글을 읽을 사람들에게 핵심적 메시지를 전달한다. 책임의 가치에 공감할 때, 비로소 아동인권의 의미를 이해할 수 있기 때문이다. 아동이 겪는 사회적 장벽들은 어른의 상황과 확연히 다르다. 그 와중에 각종 의사결정의 권한은 어른에게 부여되어 있기에, 아동이 겪게 될 다양한 가능성이 충분히 고려되는 경우는 많지 않다. 따라서 아동인권이 보장되려면, 각자의 책임을 기꺼이 실천하는 태도가 절대적으로 필요하고, 행위의 근거는 아동인권이 되어야 한다.

영유아의 울음이나 호기심 어린 행동을 그저 귀엽게 여기기보다 그들이 표현하는 욕구를 제대로 알고자 귀 기울이는 것, 어린이의 움직임을 산만하게 여기기보다 세상을 보고 알아가는 과정으로 이해하면서 만일의 위험을 살피는 것, 집회·시위에 참여한 청소년을 기특한 존재로 여기기보다 그들의 발걸음과 목소리를 존중하면서 안전할 수 있는 공간을 내어주는 것, 아동과 함께하는 걸음 속에 사회는 조금 더 정의로워질 수 있다. 그렇게 정의로운 사회는 개인에게 부과된 책임의 무게를 줄인다. 각자가 일부러 신경 써야 할 사항들이 줄어드는 것이다. 공공 업무를 담당하는 이들이 관행이나 기존의 인식을 돌이켜보면서, 행정의 결정을 다르게 만들어가려고 노력하는 과정이 특별히 중요한 이유도 여기에 있다. 공무원이 요구받는 책임의 무게를 덜어내는 과정이기 때문이다.

모두가 아동기를 거쳐 성인이 되지만, 성인이 된 이들이 어린 시절의 불편함이나 불합리를 당연히 기억하지는 않는 것이 현실이다. 어쩌면 어린 시절에는 불편함을 당연한 것으로 여겼을지도 모르겠다. 그냥 그렇게 자란 어른들이 만든 세상은 아동들이 겪는 부정의를 대물림하고, 신자유주의 사회에서 점차 커지는 사회적 차별과 격차는 새로운 부정의를 발생시킨다. 이러한 맥락에서 아동인권의 이해가 그 어느 때보다 중요한 시대이다.

이 책은 2023년도에 국가인권위원회에서 추진된 〈아동인권을 위한 정책 실천〉 연구의 후속작업으로, 공무원이 업무상 알고 실천해야 할, 그리고 실천해 볼 수 있는 일들을 안내하기 위해 썼다. 하지만 아동인권의 보장에 있어 공무원만의 책임이 중요하다고 말하려는 것이 아님을 먼저 밝힌다. 국가의 주권이 시민에게 있듯, 이 사회에 발 딛는 모든 이들이 인권과 아동인권 실현에 대한 공동의 책무를 갖기 때문이다. 공무원의 행동을 추동하는 시민사회의 역할이 필요하고, 아동을 포함한 시민사회와 소통하는 공무상 절차가 필요하다. 아동의 참여를 도모하는 다양한 시도가 필요하고, 인권 옹호의 메시지를 표현하는 아동들의 역량 강화가 필요하며, 아동의 곁에 있는 사람들의 아동인권에 대한 전문성이 필요하다. 각자의 책임을 다하는 구조는 어떠한 선택을 할 때 다양한 가능성을 숙고하고, 그 결과에 영향을 받을 수 있는 존재들에게 불이익이 되지 않을 결정을 논의하며, 만일의 가능성이 누군가에게 나쁜 영향을 미치지 않을까 걱정함으로써, 더 나은 선택을 하게 한다. 아동인권을 올바르게 이해한다면 아동의 존재를 배제하지 않음으로써, 아동에게 더 나은 선택을 고려할 수 있다.

이를 위해 이 책의 1장에서는 아동인권의 개념을 소개하였다. 최근 아동인권만 강조하면서 아동의 권리만을 보장하는 것은 적절치 않다는 문제가 종종 제기된다. 그러나 관계 속의 균형감각에서 태동한 인권은 누군가의 권리 침해를 수용하지 않는다. 따라서 인권의 맥락에서 아동인권이 갖는 의미를 설명하여 아동인권에 대한 오해를 해소하고자 하였다. 이어서 아동인권의 등장과 발전 과정,

아동권리협약이 갖는 특별한 의미를 차례로 살펴보면서, 아동권리협약이 아동인권 실천에 갖는 중요성을 강조하였다. 또한, 아동인권 보장에 필수적인 요소로서 아동권리협약의 일반원칙을 자세히 기술하였으며, 정책의 수립과 시행 과정에 참고할 수 있도록 아동권리협약 일반원칙에 기초한 아동권리접근법을 다루었다.

2장에서는 우리나라의 아동인권과 관련된 공적 논의에 초점을 두었다. 먼저 대한민국 정부 수립 이후 법령과 그에 관계된 정책들을 중심으로 아동인권에 대한 태도가 어떻게 달라졌고, 그에 따른 성과와 한계들은 무엇인지 짚었다. 역사적 흐름을 통시적으로 바라보는 것은 인권의 기본원칙을 되새기면서 현재의 장애를 극복하는 과정에 도움이 된다. 아동정책의 변천과 현황을 살펴본 다음에는 아동권리협약이 원용된 판례들을 통해 국내의 법·제도에 관한 해석이 어떻게 발전해 왔는지 알아보았다. 사법부가 아동권리협약을 이해하고 이를 근거로 판결한 사례들은 우리 법과 제도가 아동인권을 중요하게 여기고 있다는 증거이다. 더불어, 아동정책영향평가를 구체적으로 살펴보았다. 법원이 아동인권에 기반해 판결할 의무가 있다면, 행정기구는 아동정책영향평가를 통해 아동에게 미치는 긍정적 영향을 확장하고 부정적 영향을 줄이려는 노력을 다해야 한다. 특별히 아동정책영향평가에 일반원칙이 어떻게 반영되고 적용되는지 거듭 강조하여 아동권리접근법을 상기하였다. 2016년 제도화된 아동정책영향평가가 행정의 전반에 자리잡는다면, 아동인권의 정책적 실천에 분명히 기여할 것으로 기대된다.

그리고 이 책의 3장은 아동권리협약의 일반원칙에 주안점을 두었다. 지자체의 아동정책으로 소개한 9가지 사례 모두에서 일반원칙이 어떻게 고려되었는지를 검토하였는데, 일반원칙이 난해하거나 추상적 개념이 아님을 전하려는 의도였음을 밝힌다. 3장에서 자세히 볼 수 있듯, 일반원칙의 점검 수준은 개별 사례마다 다르다. 인권은 인위적으로 나눌 수 없고(불가분성), 모든 권리는 서로의 실현에 영향을 미치므로(상호의존성, 상호연관성), 아동인권 정책은 오래 들여다볼수록, 검토의 범위나 층위가 더 깊어질 수밖에 없다. 즉, 정답은 있을 수 없다. 아동인권을 대하는 공공분야 종사자의 마음가짐과 경험의 정도가 일반원칙의 쓰임에 차이를 가져올 따름이다. 그래서 이 책의 목적을 일반원칙의 개념을 적용하고 훈련하는 데에 두고자 하였다. 한편으로, 아동권리협약과 아동인권을 널리 알릴 국가의 의무가 어떻게 이행되는지도 소개하였다. 아동인권의 이해 없이 아동인권의 보장은 기대하기 어렵다. 지식과 기술이 절대적 요인은 아니지만, 익숙한 관행을 바꿔 보려는 감수성은 알고 보고 경험하는 것에서 출발한다. 그 '알림'에 대한 책무가 참 중요하다는 점을 함께 부각하였다.

프랑스의 철학자 자크 데리다(Jacques Derrida)가 "사람은 미래를 사랑해야 한다. 그리고 '아마도(perhaps)'라는 말보다 미래를 더 정당하게 범주화하는 것은 없다"고 말했듯,[1] 미래에 대한 책임을 직면하려는 의지는 아동인권과 필연적으로 연결된다. 저출생 문제는 아동인권의 문제이고, 기후변화 위기는 아동인권의 위기인 것이다. 경제위기와 지방예산 부족은 아동의 삶에 더 큰 타격이 된다. 아동의 삶을 온전히 존중하는 책임은 우리가 함께 살아가고 있다는 자각에서 비롯되어야 하고, 현재에 대한 날카로운 진단과 '아마도'를 회피하지 않는 태도는 아동인권을 포용하는 변화로 발현될 수 있다. 자유에 앞서는 책임의 실천은 곧 자유의 실현으로 나아갈 수 있다. 이 책을 접하는 사람들에게 아동인권이 부담이나 어려움이 아니라, 내가 할 수 있는 일을 모색하는 계기로 쓰이길 간절히 바란다.

2024년 12월
김희진

---

1   Jacques Derrida(2005). *The Politics of Friendship*. G. Collins(Trans.), London: Verso.

차
례

서문 정의를 위한 정치적 책임   5

1장   아동인권의 개념

아동인권, 아동의 권리   17
아동인권의 등장과 발전 과정   25
아동권리협약의 의미와 중요성   37
아동권리협약의 일반원칙   45
아동권리접근법의 이해   66

2장   한국의 아동정책과 아동인권

아동정책의 변천과 현황   73
판례에 나타난 아동인권의 관점   95
아동정책영향평가   108

3장 아동인권 옹호를 위한 지방자치단체의 도전

9개의 이야기   121

아동인권의 인식   126
서울 강동구청: 따뜻한 밥 한 끼는 동네의 안전을 지킨다
경기 시흥시청: 출생의 확인은 지자체의 책무를 확장한다
진주 반성초등학교: 아동인권은 공존과 평화의 기초가 된다

아동인권의 확산   156
부산광역시: 정책 총괄 역할은 지방정부의 책무성에 기여한다
충청남도청: 아이가 태어날 세상은
아이가 살기 좋은 세상이어야 하지 않을까
경북교육청: 통합교육은 서로의 다름을 존중하는 연습이다

아동인권의 내재화   179
전북 완주군청: 아동을 위한 전담기구는 변화의 시작이다
서울 성북구청: 아동은 정책 수립과 추진에 최고의 파트너이다
광주 서구청: 아동인권은 모든 것들과 연결된다

맺는말 아동인권을 통해 세상 바라보기   209
부 록 대한민국 제5~6차
국가보고서에 대한 최종견해   215

1장   아동인권의 개념

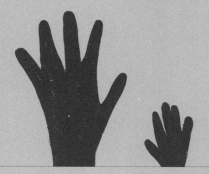

"아동의 지위는 그것을 둘러싸고 있는 환경을 잘 보여준다."

– 피터 스턴스(Peter N. Stearns)

아동인권, 아동의 권리[1]

'인권'이 낯설지 않은 세상이다. 모든 사람이 존엄하고, 존중받아야 한다는 기본적 내용을 알고 있다. 오랜 시간에 걸쳐 법과 제도가 보완되었고, 인권교육이 확장되면서 대중의 인식도 높아졌다. 누구나 부당한 대우를 받아서는 안 된다는 기본적 가치에는 공감할 것이다. 자연스럽고 당연하게 나타난 현상은 아니었다. 노예제 폐지 운동, 여성의 참정권 운동, 노동자 권리 운동, 그리고 반복되는 전쟁 속에 촉진된 국제 인도법 운동, 종교자유 운동에 이어 국제기구 창설 운동까지, 역사 속의 긴 투쟁을 걸쳐 근현대사회의 인권 개념이 자리 잡았다. 국제연합에서 9개의 국제인권규범이 채택되었고, 이후로도 새로운 권리 유형이 발견되고 논의되면서 인권의 범주는 꾸준히 재해석되는 중이다. 이는 완전한 평등이 달성되지 못한 증거이기도 하지만, 적어도 인권의 보편성, 타인에 대한 연민과 공감, 연대의 마음은 어느 세대에나 같다는 반증이기도 하다.

---

1   이 책에서는 각 장과 문단의 맥락을 고려해 아동인권과 아동의 권리를 구분하였다. 우선 영문의 'children's rights'는 아동이 보편적 인권의 한 주체라는 관점을 강조하고자 '아동인권'으로 기술하였다. 이를 '아동의 권리'라 쓴 부분은 인권의 범주에 속하는 개별 권리 유형을 강조하거나 특정한 권리 항목을 다루는 내용이다. 한편, 유엔에서 채택된 'Convention on the Rights of the Child'는 국가법령정보센터에서 번역된 공식 조약명을 반영해 〈아동의 권리에 관한 협약〉을 고유명사로 사용하였다.

그런데 개인과 집단마다, 세대마다 갖는 인권감수성이 다른 만큼, 존중의 방식과 실천은 조금씩 다르게 나타난다. 특히 아동기에 있는 사람을 대할 때의 인식과 태도는 꽤 많이 다른 것 같다. 어려서, 세상 경험이 적어서, 지식이 많지 않으니까 등의 이유로 아동은 보호받아야 할 존재로 상정된다. 모든 사람은 저마다의 상황에서 주변인들의 보호와 도움이 필요한 사회적 동물인데, 유독 아동에게 제공되는 보호는 아동의 필요보다는 성인의 관점에서 만들어지는 경우가 더 많다. 먹여 주고, 입혀 주고, 감정을 보듬어 주고, 위험을 방지하는 것뿐만 아니라, 곁에 있는 어른이 부적절하다고 판단하는 것들로부터 차단하는 형태가 대표적 예다. 스마트폰/패드 사용 금지, 게임 금지, 허락받지 못한 외박이나 늦은 시간대의 외출 금지 등을 떠올려볼 수 있겠다.

아동의 발달에 도움이 안 될 것이라는 생각에 제한을 두겠지만, 아동은 대체로 규칙을 통보받고 따르기를 요구받을 뿐, 규칙을 함께 만드는 존재로 여겨지지 않는다. 많은 사안에서 아동의 자율성은 무시된다. 그 가운데 규칙을 어기는, 소위 반항적이거나 반사회적 태도를 보이는 경우, 청소년기의 일탈 혹은 "요즘 애들"이라는 비하적 표현의 대상이 되기도 한다. 그래서 아동인권을 말할 때, 인권에 대한 이해가 특히 중요하다는 점을 우선 짚고자 한다. 다음과 같이, '인권'이라는 단어에는 여러 개념이 포함되어 있다.

조건 없는 인(人)

첫째는 조건 없는 인(人)이다. '인'은 어떠한 제한이나 경계를 두지 않는다. 인권의 주체는 모든 사람이고, 아동은 사람의 한 시기이다. 사람으로 태어난 자체로 권리를 갖는 주체라는 의미이다. 언어로 표현하지 못하고 신체적 움직임이 능숙하지 못한 영유아의 권리도 청소년, 성인이 갖는 권리와 그 내용이 같다. 발달의 정도와 사회적 의사소통에 차이가 있는 장애아동의 권리도 비장애 성인이 갖는 권리와 그 내용이 같다. 아동은 '누구나'와 같은 권리의 주체이므로, 자신이 대우받기를 바라는 형태로 마땅히 대우해야 한다는 것이다. 모두가 폭력으로부터 안전하길 바라고, 괜한 비난을 받거나 뭘 모르는 사람으로 무시당하지 않길 바라듯이, 그렇게 보호받아야 한다. 그 보호에 불편한 부분이 있다면 의견을 묻고, 상대방은 그 의견에 귀를 기울이길 바라듯이, 그렇게 참여가 보장되어야 한다. 아동인권의 보장은 사회 구성원 모두의 인권 보장과 같다.

관계 속의 균형

둘째로, 인권은 관계 속 균형을 중시한다. 무제한의 권리는 없다. 법학에서는 기본권 충돌이라 설명하기도 하고, 인권사회학에서도 권리 충돌을 논하기도 한다. 서로 다른 이들이 집단을 이루며 살아가다 보니, 각자의 자유로움 정도에 제한이 필요한 상황들이 있다.

이러한 권리 충돌의 상황은 맥락에 따라 다르게 평가되어야 한다. 예를 들어, 대중의 알 권리와 선출직 고위 공무원이나 대중문화 예술인(연예인)의 사생활은 권리의 층위가 다르다. 사회적 영향력이 큰 공인의 사생활보다 시민의 알 권리 보장이 우선해야 한다. 대중적으로 알려진 이들은 세간의 호응과 관심을 직업적 특성으로 하는 만큼, 타인의 시선을 의식할 사회적 책임이 있다. 영유아나 어린 아이, 때로는 청소년의 입장을 금지하는 노키즈존(No-Kids Zone) 사례도 살펴보자. 아동에게는 일반적 행동자유권이나 행복추구권의 침해, 상인에게는 영업의 자유 침해로, 두 주체의 권리가 충돌한다고 주장한다. 그런데 자유권이라는 내용은 같지만, 전자는 인격 제한이고, 후자는 경제적 수준의 제한이다. 그렇다면 아동의 인격적 자유에 더 비중을 두어야 하지 않을까?

다만, 누군가의 권리를 더 중하게 여겼을 때, 상대되는 이의 권리가 부당하게 축소되지 않으려면, 후자의 권리를 보장하려는 다른 주체의 역할이 있어야 한다. 사회적 공인의 내밀한 사생활, 인격적 가치를 침범하거나 폄훼하지 않는 대중과 언론의 역할, 그 기준선을 제시하는 사회적 감수성, 이를 뒷받침하는 법과 제도가 필요하다. 업주가 노키즈존을 운영하지 않아도 괜찮도록 양육자는 아동에 주의를 기울이고, 주변 어른들도 아이를 지켜보며, 예기치 못한 사고에서 업주를 보호할 수 있는 사회보험 등의 안전망이 모색되어야 한다. 한편으로, 혐오 표현은 표현의 자유라 말할 수 없다. 소수자에 대한 증오와 적대심을 선동하는 표현은 인권 행사가 아니다. 천부적으로 부여받은 인권을 신성불가침의 권리로 오해해서는 안 된다.

즉, 인권은 더불어 살아가기 위한 범주에서 해석되어야 한다. 모든 권리가 소중하기에, 권리 간에 손쉽게 서열을 매길 수는 없다. 국제인권규범에서 확인되는 모든 인권은 중요하다. 당연히 배제해도 좋을 인권은 없다. 상황과 맥락을 고려해 가급적 모든 권리를 고르게 보장할 수 있는 균형점을 찾아야 한다. 이때, 사회적 자본이 적고, 소외된 존재의 인권이 더 쉽게 침해될 수 있는 만큼, 그들의 존재성을 우선순위에 두고 해결책을 고민하는 노력이 요구된다.

2023년 여름 이후 사회적 관심이 집중되었던 학생인권과 교권(교사의 인격권, 노동권)도 모두 포기할 수 없는 가치에 해당한다. 물론, 부당하게 권력을 행사하는 교사가 있고, 무례하고 폭력적으로 행동하는 학생도 있다. 하지만 대다수 학생과 교사는 명백한 위계 속에서 서로 마주한다. 교사는 이미 직업을 가진 어른으로서 학생들 앞에 서는 것 자체로 상당한 힘을 가진 존재이기 때문이다. 교사와 비견되는 학생의 존재는 객관적으로 취약하고, 따라서 취약한 학생의 지위를 높이기 위한 법·제도적 보호가 필요하다. 체벌 금지, 언어적·정서적 학대 금지, 학생인권 침해 구제 절차, 교실과 학교 환경 개선, 학생 개인에게 초점을 둔 교과과정 개발 등의 논의가 여기에 해당한다. 이와 더불어, 교사의 노동환경, 인격적 처우를 보장하기 위한 제도적 정비가 잇따라야 한다. 학생과 학부모도 교사의 인권을 존중해야 할 이해관계자이고, 교육과 제도화를 통해 그 사실을 분명히 인식할 수 있도록 해야 한다.

스테판 에셀(Stephane Hessel)이 《분노하라》에서 말했듯, 자유란 닭장 속의 여우가 제멋대로 누리는 무제한의 자유가 아니며, 누구나 누려야 할 보편적인 것이다. 따라서 어떠한 권리가 침해되었는지를 판단하는 기준은 주관적 자아가 아니다. 인간의 가장 본질적 이익(생명권, 인격권 등)을 지키려는 목적하에, 원칙, 상식, 균형감각에 따른 판단이 이루어져야 한다. 무조건적 권리 타령(rights-talk)에 휘둘리지 않고, 사안별로 다른 권리의 무게를 분별하려는 연대의식이 인권의 기본 속성이다. 아동의 인권도 사회적 관계 속에서 해석되고 실현되어야 한다.[2]

아동 중심의 접근법, 의무이행자의 책무 확인

셋째, 아동인권 보장은 아동을 중심에 둔 사고방식이 필수적이다. 앞서 인권은 관계 속에 있는 개념이라 했는데, 관계의 균형을 찾으려면 당사자의 눈높이에서 사안을 바라봐야 한다. 아동은 어떠할지, 나와 그 밖의 이들은 어떠한지를 짚어 보는 과정 말이다. 각자 이해관계가 다른 상황에서, 그 결정이 서로에게 어떤 영향을 주게 될 것인지 점검해 보면 아동이 겪는 불이익의 가능성은 거의 절대적으로 많다. 아동은 현재 시민이지만, 발달 과정에 있는 특성상 당사자로

---

2   조효제(2014. 4. 1). "권리들끼리 싸우면 누가 이기나". 〈한겨레〉. https://www.hani.co.kr/arti/opinion/column/630780.html(2024. 12. 4. 인출).

참여할 기회가 상대적으로 적고, 발언의 무게도 저평가될 수 있다. 또 아동기는 신체적·정신적 변화의 폭이 그 어느 때보다 큰 시기다. 사람은 과거의 시간을 쌓아가며 성숙해지는 존재이므로, 아동에게 발생한 결과는 현재뿐만 아니라 장래에까지 상당한 영향력을 행사할 수 있다.

무엇보다 대개 아동이 놓인 상황은 아동에게 그 원인이 있지 않다. 아동은 그저 태어났을 뿐이다. 태어나 누구를 만나고, 어떤 환경에서 자라느냐에 따라 인생 항로가 크게 달라진다. 일본의 사회학자 미나시타 기류(水無田 氣流)는 "부모를 골라서 태어날 수 없는 아이들의 평등을 지켜주는 게 공적 지원의 전제가 되어야 한다"고 했다. 2018년 방영했던 드라마 〈미스터 션샤인〉에서 독립운동조직의 일원인 고애신이 자신에게 배당된 쌀 한 움큼을 아이에게 건네는 장면도 떠오른다. 아이의 엄마가 "애나 어른이나 고픈 배는 매한가지"라며 손사래 치자, 고애신은 "그건 매한가지나, 아이가 굶는 건 어른의 잘못이거든. 사과의 뜻이란다"라고 답했다.

이처럼 아동 중심의 접근법(child centered approach)이란 어른의 책임을 인식하고 실천하려는 노력이라고도 표현할 수 있겠다. 누가 책임을 어떻게 져야 하는가에 대한 성찰이기도 하다. 아동이 보편적 인권을 누리지 못하는 현실은 분명 달라져야 할 현장이고, 지식과 경험, 인적 관계 및 사회적 지위, 경제적 수준을 포함해 아동보다 더 많은 권한을 가진 사회적 존재는 각자의 위치에서 할 일을 해야 한다. 가족은 아이를 지키고, 사회와 국가는 가족을 돌보며, 중앙정부는 지방정부의 격차를 줄이고, 전 세계는 아동과 아동을 둘러싼 이들의 인권 보장을 위해 협력해야 한다.

다시 말해, 인권은 권리와 의무 관계를 명확히 설정한다. 아동인권은 권리주체자(*rights-holder*)인 아동, 그 권리 보장을 위해 의무를 다하는 의무이행자(*duty-bearer*)의 존재를 분명히 한다. 아동은 의무이행자에게 권리의 존중·보호·실현을 청구할 수 있다. 의무이행자는 부모와 가정, 교사, 학교, 지역사회와 시민사회단체, 국가와 국제사회 등이며, 이들은 아동의 자력화(*empowerment*)에 방점을 두고 각자 역할을 모색해야 한다. '의무'는 시혜적 관점이 아니라, 아동의 발달 정도에 따른 적절한 조력으로 이행되어야 한다는 의미이다. 기본적으로 자율성에 대한 존중을 전제해야, 어떤 시기의 누구라도 표현의 자유, 참여의 권리에서 배제되지 않을 수 있다.

한편으로, 개인 또는 집단 구성원인 의무이행자도 천부인권의 주체라는 점을 놓쳐선 안 된다. 이들도 과도한 노동, 부당한 폭력이나 차별에 노출되지 않도록 의무이행자가 책임을 다해야 한다. 억압받고 비참하고, 무력한 상황에서 형식상의 책임을 다할 것을 요구받는 것은 착취와 다름이 없다. 아동 또한 의무이행자의 인권을 훼손할 권한 같은 건 없다. 아동은 권리주체자이면서, 사회적 존재로서 의무이행자이기 때문이다. 존중받은 아동이 타인을 존중할 수 있다는 논리는 여기서 나온다. 권리주체자와 의무이행자가 선순환의 관계를 맺을 때, 비로소 인권에 대한 오해도 줄어들 수 있다.

아동인권의 등장과 발전 과정[3]

"보편적 인권은 결국 어디에서부터 연유하는 것일까요?
인권은 우리 집과 가까운, 너무 작아서 세계지도에서조차 표시되지
않을 정도로 작지만, 한 개인에게는 그의 공간, 동네, 학교, 일터인
곳으로부터 시작할 것입니다. 남녀노소 모두가 차별 없이 공정한
정의, 기회, 존엄을 구하는, 그러한 곳에서 시작할 것입니다.
만일 이러한 작은 곳에서부터 인권이 중요하게 여겨지지 않는다면,
그 어느 곳에서도 인권의 의미를 찾을 수 없을 것입니다."

– 엘리너 루즈벨트

근래에 제 3차 세계대전이 발생하지 않을까 염려될 정도로, 국제적 분
쟁이 계속되는 때이다. 미국에서는 극우 성향의 트럼프 2기가 시작되
었고, 군부독재를 청산하며 민주화를 쟁취한 현대 대한민국에서 계엄
령이 발동되었다. 평화와 기본적 인권의 존중, 민주주의의 가치가 뒤
흔들리는 세상에서 사람들의 두려움과 공포도 커지고 있다.

이런 때일수록, 아동인권이 태동한 배경을 돌이켜볼 필요가 있

3　이 절에서는 아동인권에 대한 국제적 논의가 어떻게 전개되었는지 소개한다. 이
절에서 다룬 역사적 사실과 자료들은 국제아동인권센터·세이브더칠드런·유니세
프한국위원회가 2021년 발간한《선언에서 이행으로》를 참고해 정리한 것으로, 아
동권리협약의 의미와 중요성을 설명하는 기초자료에 해당한다. 인권의 한 범주로
서 아동인권이 태동한 배경과 국제적 선언, 규범화의 필요에 이르기까지, 전 세계인
의 의지가 모였던 역사적 흐름을 알게 된다면, 우리가 아동인권을 알고 대하는 마음
가짐을 새롭게 하는 데 도움이 될 것이다[국제아동인권센터·세이브더칠드런·유
니세프한국위원회(2021).《선언에서 이행으로: 한국의 아동권리협약 30년》. 틈
새의 시간].

다. 아동에게 권리가 있고, 아동은 그 누구보다 보호받을 권리가 있다고 외친 최초 문서가 제1차 세계대전 직후에 발표됐기 때문이다. 1923년 세이브더칠드런(Save the Children)의 설립자 에글렌타인 젭(Eglantyne Jebb, 1876~1928)이 아동의 권리와 보호에 관한 5대 원칙을 규정한 〈아동권리선언〉(Declaration of the Rights of the Child)이 그것이다.

제1차 세계대전(1914~1918)의 가장 큰 피해자는 단연코 아동이었다. 아동은 부모와 집을 잃고 굶주렸고, 영양실조와 질병에 노출되었을 뿐 아니라, 교육의 기회를 박탈당했다. 아동은 자신의 의지와 무관하게 처참한 현실에서 가장 참혹한 시간을 견뎌야 했다. 이러한 현실에서 에글렌타인 젭은 특별한 보호를 받아야 할 아동의 권리를 깨달았고, 〈아동권리선언〉을 통해 전 세계 어디에서나 아동의 보편적 인권을 보호해야 할 국가와 국제사회의 책임을 상기시켰다.

이듬해인 1924년 9월, 제1차 세계대전 종결 후 설립되었던 국제연맹(League of Nations)은 에글렌타인 젭의 〈아동권리선언〉에 도입부를 더하여 〈아동권리에 관한 제네바 선언〉(Geneva Declaration of the Rights of the Child)을 채택하였다.[4]

---

4 〈아동권리에 관한 제네바 선언〉에 추가된 도입부는 다음과 같다. "By the present Declaration of the Rights of the Child, commonly known as the Declaration of Geneva, men and women of all nations, recognizing that mankind owe to the child the best that it has to give, declare and accept it as their duty that, beyond and above all considerations of race, nationality or creed."

그림 1-1 에글렌타인 젭이 서명한 〈아동권리에 관한 제네바 선언〉 사본

1924년 아동권리에 관한 제네바 선언

아동은 그들의 정상적인 발달을 위해서 필요한 물질적, 도덕적,
그리고 정신적 조건을 공급받아야 한다.

굶주린 아동은 먹여야 하고, 병든 아동은 치료받아야 하며
정신적으로나 신체적으로 장애가 있는 아동은 재활을 위한 교육을
받아야 하고, 고아와 부랑아에게는 안식처를 주어야 한다.
재난이 닥칠 경우 아동이 최우선으로 구제받아야 한다.

아동은 사회보장제도와 안전체계의 혜택을 마음껏 누려야 하며,
앞으로 생계를 스스로 꾸려나갈 수 있도록 적절한 시기에 교육을
받아야 하는 것은 물론 모든 형태의 착취로부터 보호받아야 한다.

아동은 그들 개개인의 재능이 인류의 발전을 위해서
쓰여야 한다는 것을 이해하도록 양육되어야 한다.

1923년 〈아동권리선언〉에 기초해 발표된 1924년 〈아동권리에
관한 제네바 선언〉은 아동을 보호의 대상으로 보는 관점이 주되었
고, 국가의 구체적 의무를 명시한 것도 아니지만, 국제 협력과 평화
유지를 목적으로 설립된 국제기구가 승인한 최초의 아동인권에 관
한 문서라는 의미가 있다.[5]

하지만, 우리가 이미 알고 있듯이 역사에서는 제2차 세계대전
(1939~1945)이 일어났다. 국제연맹의 〈아동권리에 관한 제네바 선

---

5   Buck, T(2014). *International Child Law*. Routledge, p. 89.

언〉 채택 10주년이 되는 1934년에 다시금 국제연맹 총회에서 〈아동권리에 관한 제네바 선언〉을 승인하면서 선언에 담긴 원칙의 가치를 인정하고, 그 원칙의 실천을 약속하긴 했다. 그러나 각국이 선언을 이행해야 할 법적 의무는 없었고, 〈아동권리에 관한 제네바 선언〉을 재확인하는 결의가 무색하게, 1939년 9월에는 제2차 세계대전이 발발하였다. 그리고 국제사회는 제2차 세계대전을 지나며 일부 국가가 자행한 심각한 인권 침해 현실을 목격하였다. 인권 보호 책임을 국가의 몫으로만 남겨둘 수 없으며, 전 지구적 차원의 역할이 필요함을 깨닫는 계기가 되었다.

그 결과가 국제연합(United Nations, 이하 '유엔')의 창설이다.[6] 유엔은 국제연맹 구조, 형식, 목적을 이어받으면서,[7] "기본적 인권, 인간의 존엄 및 가치, 남녀 및 대소 각국의 평등권에 대한 신념을 재확인하며, 정의와 조약 및 그 밖의 국제법 연원으로부터 발생하는 의무에 대한 존중이 유지될 수 있는 조건을 확립하면서, 더 많은 자유 속에서 사회적 진보와 생활수준의 향상을 촉진"[8]하는 것을 존재의 목적

---

6   제2차 세계대전 중 미국의 프랭클린 루즈벨트(Franklin Roosevelt) 대통령과 영국의 윈스턴 처칠(Winston Churchill) 총리가 "국제연합"이라는 명칭을 처음 제안하였고, 국제연합(UN)이 처음 공식적으로 쓰인 문서는 1942년 아르카디아 회담(Arcadia Conference)에서 채택된 연합국 공동선언(Declaration by United Nations)이다.

7   국제연합은 제2차 세계대전 종전 직후인 1945년 10월 창설되었고, 국제연맹은 1946년 4월 18일 총회에서 해체가 결의되었다.

8   〈국제연합헌장〉(Charter of the United Nations)의 전문 첫 단락 내용이며, 〈세계인권선언〉 전문도 같은 내용을 담고 있다.

으로 밝혔다.

유엔은 기구 존재 목적으로 인권을 천명하였고, 인권 보편적 향유를 위한 국제적 협력을 약속하였던 만큼, 인권 주류화에 선도적인 역할을 해 왔다. 그 처음이자 가장 대표적 결실이 〈세계인권선언〉(Universal Declaration of Human Rights) 채택이다. 유엔은 1946년 창설 직후 경제사회이사회(the Economic and Social Council) 산하에 인권이사회[9]를 두고, 유엔헌장을 보완하면서 국제인권장전으로 기능할 문서 준비에 착수하였다. 1947년에는 엘리너 루즈벨트(Eleanor Roosevelt, 1884~1962)를 의장으로 〈세계계인권선언〉 작성을 위한 8인의 기초위원회가 구성되었다. 기초위원회가 작업한 선언문 초안에 제 2차 세계대전 연합군을 중심으로 한 서구 강대국뿐만 아니라 비서구 발전도상국, 전 세계 비정부기구(NGOs: Non-governmental organizations)와 시민사회단체(CSOs: Civil Society Organizations) 등이 적극 참여한 결과, 1948년 12월 10일 인권에 관한 세계 최초 정치적 합의문서가 만들어졌다.

오늘날 국제관습법으로 받아들여지는 〈세계인권선언〉은 그 이름에서부터 인권의 보편성(*universal*)을 분명히 할 뿐만 아니라, 전문

---

[9] 유엔 경제사회이사회 산하에 있던 구 인권이사회(Commission on Human Rights)는 인권을 안보 및 개발 의제와 함께 국제사회의 3대 주요 과제로 격상시키고자 하는 유엔 개혁의 일환으로 2006년 설립된 인권이사회(Human Rights Council)로 대체되었으며, 유엔총회 산하 보조기구(subsidiary organ)로 그 지위가 격상되었다.

을 통해 〈세계인권선언〉을 읽는 총체적 관점을 요구하면서 권리들의 상호의존성(interdependence)과 불가분성(indivisibility)을 잘 설명한다.[10] 비서구 국가는 〈세계인권선언〉이 명시한 민족자결권에 힘입어 탈서구화, 탈식민과 탈제국주의 투쟁을 거치며 인권 보편화 과정에 함께했다. 자유권과 사회권을 아우르는 인권이 제2차 세계대전 종전 직후 도래한 냉전 시기에 계급투쟁과 저항운동 근거가 되면서 급진적으로 보편화된 시대적 맥락도 주목했다. 또한, 〈세계인권선언〉의 이념과 내용을 계승한 국제인권법이 차례로 채택되면서 인권이 보편적으로 제도화되는 기점이기도 했다.[11] 이처럼 '모든 인류 구성원의 존엄성과 동등하고 양도할 수 없는 권리'를 천명한 〈세계인권선언〉은 작성 단계부터 인권에 대한 전 세계적 관심과 수용도를 높였다.

〈세계인권선언〉이 채택되었던 같은 해 4월에는 1924년 이후로 아동복지와 관련된 사회적 변화를 반영한 국제적 선언이 필요하다는 판단 아래, 제네바 선언을 수정·보완해 〈아동의 권리에 관한 유엔 선언〉(United Nations Charter of the Rights of the Child)을 만들겠다는 유엔 경제사회이사회 산하 사회위원회(Social Commission)의 결정이 있었다(E/779).[12] 위 선언의 초안도 다양한 국가와 국제기

10　Glendon, M. A(2001). *A World Made New: Eleanor Roosevelt And The Universal Declaration of Human Rights*. Random House.

11　조효제(2016).《인권을 찾아서》. 한울 아카데미, 25~26쪽.

12　위 결정이 기록된 사회위원회의 보고서(Report to the Economic and Social

구, 전문기구와 비정부기구 등의 의견을 수렴하여 작성되었고 (E/CN.5/199), 사회위원회가 인권위원회와 논의해 구성한 위원회[13]에서 초안을 검토하여 수정안을 제출하였다(E/CN.5/L.96).

1950년, 수정안을 검토한 사회위원회는 〈세계인권선언〉에 더하여 아동인권에 초점을 둔 별도의 선언이 필요하다는 데에 의견을 모았다. 그 결과가 1959년 11월 20일 유엔총회에서 채택된 〈아동권리선언〉이다[The Declaration of the Rights of the Child, A/RES/1386(XIV)].[14] 〈아동권리선언〉은 제네바 선언 원칙과 정신을 계승한 10개의 조항으로 구성되었으며, 차별받지 않을 권리, 발달에 필요한 기회를 가질 권리, 이름과 국적을 가질 권리 등 인권 주체인 당사자 아동의 권리를 명확히 드러냈다는 점에서 한층 진보한 변화라 평가할 만하다.

하지만 1959년의 〈아동권리선언〉도 문서 특성상 법적 구속력이 없고, 관련 지침이 부재한 상황에서 각국의 실질적 역할을 끌어낼

Council on the 3rd session of the [Social] Commission held at Lake Success, New York, from 5 to 23 April 1948)는 유엔전자도서관(United Nations Digital Library)에서 확인할 수 있다.

13 호주, 브라질, 프랑스, 이라크, 유고슬라비아 대표가 지명되었다.

14 유엔 경제사회이사회는 1951년 인권위원회에 초안 검토를 요청하였으나, 당시 인권위원회는 〈시민적 및 정치적 권리에 관한 국제규약〉과 〈경제적, 사회적 및 문화적 권리에 관한 국제규약〉의 초안 검토에 집중하던 때였다. 이에 〈아동권리선언〉에 대한 본격적 논의는 1957년에 이르러 전개되었고, 인권이사회 검토를 거친 후 유엔 회원국들의 의견을 수렴한 결과가 1959년 발표되었다[E/RES/309 (XI)].

수 없다는 한계가 여전했다. 〈세계인권선언〉 원칙을 법적 구속력 있는 문서로 담아낸 〈시민적 및 정치적 권리에 관한 국제규약〉(International Covenant on Civil and Political Rights, 이하 '자유권 규약')과 〈경제적·사회적 및 문화적 권리에 관한 국제규약〉(International Covenant on Economic, Social and Cultural Rights, 이하 '사회권 규약')도 아동에게 마땅히 적용되는 규범이다. 하지만 국제인권법의 실제적 이행을 모니터링하는 과정은 아동이 손쉽게 배제되는 현실을 직시하게 하였다. 아동을 덜 자란, 부족한, 미숙한 존재로 바라보는 시각이 주되었고, 아동은 권리를 누려야 할 온전한 주체로 여겨지지 않았다.

그러던 중 〈아동권리선언〉 채택 20주년을 기념하며 1979년을 '세계 아동의 해'(International Year of the Child)로 선정하는 결의는 또 다른 변화의 물꼬를 열었다(A/RES/31/169). 1976년 12월 유엔총회에서 채택된 해당 결의는 아동의 안녕(well-being)을 증진하기 위한 프로그램들을 검토하도록 했다. 아동을 위한 기초 서비스가 아동 개인은 물론 사회경제적 발전 측면에서도 중요하며, 이는 국제협력을 통해서 보완될 수 있음을 명시하는 등 인권의 총체적 관점을 아동인권에 투영하였다. '세계 아동의 해'에서 도출된 결과 문서는 아동을 위한 옹호 틀을 제공하고, 아동의 특별한 욕구에 대한 의사결정권자와 대중의 인식을 높여야 할 국가 책무를 강조하였다.

한편, '세계 아동의 해'를 앞둔 1978년에는 폴란드 대사 유지니

어스 와이즈너(Eugeniusz Wyzner, 1931~)가 인권위원회에 아동인권에 관한 법적 구속력 있는 규범 마련을 제안하였고, 이러한 폴란드의 제안은 인권이사회 논의를 거쳐 정교화되었다. 1978년 12월 20일 유엔총회는 수정안을 토대로 한 아동권리협약 초안(*draft convention of the rights of the child*) 작업을 인권위원회에 요청하면서, 가능하면 1979년 '세계 아동의 해'에 채택되기를 희망한다고 밝혔다 (A/RES/33/166). 그에 따라 1979년 협약 작성을 위한 실무그룹 (Open-ended Working Group on the Question of a Convention on the Rights of the Child)이 구성되었다. 온 세상이 아동인권에 관심을 기울이던 때라 해도 과언이 아니다.

하지만 아동권리협약을 만드는 작업은 순탄하지 않았다. 아동권리협약 초안은 이전에 유엔에서 채택된 선언문을 토대로 작성되었다. 〈세계인권선언〉[15]은 물론 자유권규약(제23조, 제24조), 사회권규약(제10조)에서도 아동의 권리가 별도로 언급되었던 터라, 아동인권 원칙과 내용을 문서로 만드는 작업에 큰 어려움은 없을 것 같았지만 무려 10년에 이르는 기나긴 검토의 시간을 거쳐야 했다. 1979년 조직된 실무그룹은 1988년 2월에 1차 초안을 마련했고, 1988년 11월부터 12월에 진행된 회기에서 2차 초안을 작성하였다. 최종적 협약 초안이 제출된 시점은 1989년 인권위원회 제45차 회

---

15 제16조 3항(가정의 보호), 제25조 2항(어머니와 아동을 대상으로 특별한 보호와 지원 제공), 제26조 1항(교육받을 권리와 무상교육 제공) 등.

기이다. 인권위원회가 1989년 3월 8일 협약 초안을 수정 없이 채택하면서, 마침내 아동권리협약에 대한 안건이 1989년 11월 유엔총회 제44차 회기에 제출되었다(A/RES/44/25).

처음 협약 초안을 구상하기까지 긴 시간이 걸렸던 반면, 초안이 제출된 이후로 빠르게 진척될 수 있었던 배경에는 날짜를 기념하려는 목적도 있었다. 1989년 11월 20일은 '세계 아동의 해' 10주년이면서, 1959년 11월 20일 〈아동권리선언〉 채택 30주년이기도 했기 때문이다(A/RES/43/112). 특정한 날짜를 기념하려는 한마음으로 뒷심이 발휘된 덕분에, 아동권리협약은 더 늦지 않게 세상의 빛을 볼 수 있었다.[16]

처음의 더딘 논의들은 아동인권을 다르게 처우하려는 익숙한 관행과 편견의 탓도 적지 않았다. 아동에게 독자적인 종교의 자유와 사생활의 자유를 인정할 것이냐, 또 몇 세까지 아동으로 보아 의무교육과 사회복지를 보장하고, 노동에서도 특별히 보호할 것인지와 같은 문제 말이다. 하지만 적어도 아동인권을 중요하게 의

16　유엔총회는 1988년 12월 8일 제43차 회기 제75차 회의에서 아동권리협약을 의제로 책정하면서(Question of a Convention on the Rights of the Child), ① 인권위원회는 아동권리협약 초안을 최우선 순위로 삼아 1989년 회기 중에 초안 작업을 완료하고, 이를 유엔총회 제44차 회기에 제출할 수 있도록 모든 노력을 다할 것, ② 모든 유엔 회원국은 〈아동권리선언〉 30주년이면서 '세계 아동의 해' 10주년을 맞이하는 1989년에 아동권리협약을 완성할 수 있도록 적극 지원할 것을, ③ 유엔총회 제44차 회기 안건에 '아동권리협약 채택(Adoption of the convention on the rights of the child)'을 포함할 것을 의결했다.

식해야 하고 모두의 더 큰 노력이 필요하다는 자각도 있었기에 아동인권에 관한 국제법이 마련될 수 있었다고 평가된다. 이러한 과거 발자취는 현재에도 대입이 된다. 일례로, 보호, 안전, 돌봄의 영역에서는 대체로 이견 없이 아동을 지켜야 한다고 말한다. 하지만 아동의 정치적 참여를 인정하는 것, 학생의 자유를 보장하는 것에는 주저하거나 반대하는 목소리가 적지 않은 것이 현실이다. 선량하고 순진한 아동 이미지는 당연한 반면, 비행을 하거나 범죄를 저지르는 청소년에게는 성인 범죄자보다 더 큰 비난이 가해진다. 아동은 인간이고, 아동에게도 인간 군상 모든 면면이 깃들고 발현되는 것은 당연한데도 말이다. 사실 아동이 보이는 모든 행위는 학습된 결과이니, 바람직하지 않다고 여겨지는 아동의 모습은 아동을 탓하기 전에 사회를 돌이켜봐야 할 문제이지 않을까.

그럼에도 아동권리협약이 마련되기까지 역사가 거쳐온 긴 시간은 달라진 세상 속에서도 여전히 변하지 않은 현실을 성찰하는 기회를 제공한다. 아동에 관한 보호 범주가 확장되었고, 아동을 보호하는 방식이 달라졌듯, 익숙했던 것들이 당연하지 않을 수 있고, 옳다고 생각했던 방식이 옳지 않을 수 있다는 역사적 증거이기 때문이다. 이처럼 인권에 관한 한 끊임없이 스스로를 돌아봐야 할 이유는 달리 있지 않다. 이미 아동이 아닌 어른이 아동인권을 더 깊게 고민하고 이해해야 할 책임도 여기서 나온다.

아동권리협약의 의미와 중요성

1989년 11월 10일, 예상보다 어려운 과정을 거쳐 만들어졌지만, 유엔총회에서 만장일치로 채택된 〈아동의 권리에 관한 협약〉(이하 '아동권리협약')은 인권 담론의 확장으로 평가할 수 있다.

그 첫째 이유는 냉전 시대를 거치며 자유권과 사회권의 이분법적 시각으로 다뤄지던 권리를 하나의 문서에서 통합한 최초 국제법이기 때문이다. 아동권리협약은 1966년 채택된 자유권 규약과 사회권 규약에서 다뤄진 모든 권리를 포괄하였다. 출생 즉시 등록될 권리, 표현의 자유, 사상·양심 및 종교의 자유, 결사와 평화적 집회의 자유, 사생활의 자유 외에 교육, 건강과 사회보장, 난민 아동과 장애아동의 지원, 아동노동 금지와 제한 등에 대한 국가의 의무를 분명히 하였다. 기존의 차별금지, 자유권·사회권의 맥락에서 다뤄지지 않던 아동기의 특유한 권리[17]도 구체적으로 확인되었다.

아동의 연령을 "(최소한) 만 18세 미만"으로 정의한 것도 특징적이다. 아동권리협약을 채택하기 전에도 아동권리를 다룬 몇 가지 선언들이 있으나, 이전에는 법적 구속력을 갖지 않는 문서였고, 아동 연령을 언급하지 않았다는 차이가 있었다. 앞서 아동권리협약은

---

17 아동 최상의 이익, 의견 표명과 그 의견에 정당한 비중을 부여받을 권리, 가정환경의 보호와 대안양육, 모든 폭력으로부터의 보호, 성착취와 무력 충돌로부터의 보호 등.

1979년에 초안이 제출된 뒤, 무려 10년이 지난 1989년에야 비로소 국제인권법으로 채택되었다고 했다. 여기에는 자유권과 사회권 모두를 다루는 문제와 더불어 아동을 몇 세까지로 정할 것인지를 상당히 치열하게 논쟁한 배경도 있었다. 아동권리협약보다 늦게 논의가 시작된 〈고문 및 그 밖의 잔혹한, 비인도적인 또는 굴욕적인 대우나 처벌의 방지에 관한 협약〉(Convention against Torture and Other Cruel, Inhuman or Degrading Treatment or Punishment, 이하 '고문방지 협약')이 아동권리협약에 앞서 1984년에 채택될 정도였다.

아동은 인간 생애에서도 절대적 발달 과정에 있는 특성상 사회권 보장이 더욱 중요한 때이다. 따라서 아동을 위한 교육, 보건의료 및 주거를 포함한 적절한 생활수준 등 사회보장제도를 갖추려면 상당한 공적 자원이 투입되어야 한다. 제2차 세계대전과 냉전을 거치며 경제적 어려움이 컸던 발전도상국이나 최빈국에서는 그 책임을 다하기 어렵다는 현실적 주장이 제기되었다. 가사노동과 가업에 투입되는 것은 물론, 산업혁명 이후로 아동은 저임금으로 고용할 수 있는 주요 노동력이기도 했다. 각 나라 문화적 관행이나 사회경제적 여건에 따라 15세, 12~13세, 때로는 그보다 더 어린 연령 아동이 성인과 다름이 없는 사회적 역할을 하는 경우도 많았다. 일부 국가에서 아동은 국경 수호를 위한 징집 대상이었다. 아동권리협약이 18세 미만을 아동으로 정의하면서, 징집 제한 연령을 15세 미만으로 정한 것(제 38조, 제3조)도 정치적 합의로서 협약 채택에 이르기 위한 타협 결과였다. 2000년에 이르러 〈아동의 무력충돌 참여에 관한 아동권리협약 선택의정서〉(Optional Protocol to the Convention on the Rights of the Child on the Involvement of Children in Armed Conflict)가 채택되면서 비로소 아동의 징집·입대 연령을 18세로 상향하는 작업이 이루어졌다. 1989년에 도출된 18세 기준은 가히 인권 옹호를 위한 결단이라 할 수 있다.

협약을 비준한 당사국(*State party*)의 전반적 이행 의무를 규정한 제4조에 국제협력(*international cooperation*)의 개념을 담은 것도 아동권리협약 성과이다. 협약은 제4조에서 당사국이 활용할 수 있는 자원 범주에서 경제적·사회적 및 문화적 권리에 관한 의무를 이행하도록 규정했는데, 이는 사회권규약 제2조에 사용된 문장과 유사하다. 일부 국가에서 재정 및 기타 자원 여건상 아동의 권리를 충분히 이행하기에 어려울 수 있다는 현실적 인식을 반영한 결과였다.

다만, 당사국은 아동 권리 보장을 위해 "가용자원의 최대한도까지" 활용하였고, 그에 더하여 필요한 경우에 "국제협력"을 구했다는 점을 증명할 책임도 요구받는다. 말 그대로 최대한의 노력을 강구하라는 취지이다. 그리고 이러한 책임은 협력을 받는 국가만이 아니라, 협력을 제공할 수 있는 국가 몫이기도 하다. 유엔 아동권리위원회(UN Committee on the Rights of the Child)는 일반논평을 통해 국가의 협약 비준은 자국 관할권 내에서 협약을 이행할 의무뿐만 아니라 국제협력을 통해 전 지구적 이행에 기여할 의무도 부담하는 것이라고 분명히 밝혔다.[18] 경제적·사회적·문화적 또는 인도적 성격의 국제문제 해결, 인종·성별·언어 또는 종교에 따른 차별 없이 모든 사람의 인권 및 기본적 자유에 대한 존중을 촉진하고 장려하기 위한 국제협력을 목적으로 하면서(제1조), 회원국들이 국제연합과 협력하여 공동 조치 및 개별적 조치를 취할 것을 약속한 〈유엔헌장〉(United Nations Charter)도 이러한 지구 공동체 책임을 보여 준다(제55조, 제56조). 국제협력 취지를 명문화한 협약 제4조는 더욱이 아동인권의 시대적·역사적 보편성을 뒷받침하는 규정이라 할 수 있다.

표 1-1 당사국의 이행의무와 국제협력

문서	내용
아동권리협약	제4조 당사국은 이 협약에서 인정된 권리를 실현하기 위하여 모든 적절한 입법적·행정적 및 여타의 조치를 취하여야 한다. 경제적·사회적 및 문화적 권리에 관하여 당사국은 가용자원의 최대한도까지 그리고 필요한 경우에는 국제협력의 테두리 안에서 이러한 조치를 취하여야 한다.
유엔헌장	제55조 사람의 평등권 및 자결 원칙의 존중에 기초한 국가 간의 평화롭고 우호적인 관계에 필요한 안정과 복지의 여건을 조성하기 위하여, 국제연합은 다음을 촉진한다. 가. 보다 높은 생활수준, 완전고용 그리고 경제적 및 사회적 진보와 발전의 여건 나. 국제 경제, 사회, 보건 및 관련 문제의 해결 그리고 국제 문화 및 교육 협력 다. 인종, 성별, 언어 또는 종교에 따른 차별 없이 모든 사람을 위한 인권 및 기본적 자유의 보편적 존중과 준수 제56조 모든 회원국은 제55조에 규정된 목적의 달성을 위하여 국제연합과 협력하여 합동 및 개별 조치를 취하기로 약속한다.

---

18 UN CRC(2005). General Comment No. 5: General Measures of Implementation of the Convention on the Rights of the Child(CRC/C/GC/5), para. 7.

무엇보다 아동권리협약이 명실공히 아동인권의 범세계적 준거라 일컬어지는 이유는 국제사회의 가장 보편적인 합의문서이기 때문이다. 유엔에서 채택된 다수 문서 중에는 "핵심 국제인권문서(The Core International Human Rights Instruments)"로 분류되는 9개 국제인권조약과 각 조약의 특정한 사항을 다루는 선택의정서가 있다.[19] 그 하나인 아동권리협약은 가장 많은 국가가 비준한 문서에 해당한다. 2024년 10월을 기준으로 193개 유엔 회원국보다 많은 196개 국가가 아동권리협약을 비준하였다.[20] 조약 발효에 요구되는 비준 국가 요건을 가장 빠르게 충족한 조약이기도 했다(아동권리협약 발효 요건은 20개 국가 비준). 절대적으로 많은 당사국이 협약을 이행하는 만큼, 유엔 아동권리위원회 심의를 거치면서 보편적 관점의 아동인권에 대한 논의가 꾸준히 확장되었다. 그간 유엔 아동권리위원회 요청을 받아 유엔에

---

19 OHCHR, "The Core International Human Rights Instruments and their monitoring bodies",
https://www.ohchr.org/en/core-international-human-rights-instruments-and-their-monitoring-bodies(2024. 10. 27. 인출).
참고로 국제인권조약에 명시된 각 조약기구(treaty body)는 해당 국제인권조약 및 선택의정서를 비준한 당사국의 이행을 모니터링하고, 조약에 근거한 개인진정(청원) 절차 등을 담당한다. 다만 고문방지협약 선택의정서는 예외적으로 사전예방에 초점을 둔 별도의 전문가위원회(소위원회)를 두어 현재 총 10개 조약기구가 있다.

20 아동권리협약 등 국제인권조약은 유엔 회원국 외에 자치정부도 비준할 수 있다. 2024년 10월까지 유엔 회원국 중 유일하게 미국만 아동권리협약을 비준하지 않았으며(1995년 서명), 뉴질랜드 자치령인 니우에(Niue)와 쿡 제도(Cook Islands), 바티칸시국(Holly See), 팔레스타인(State of Palestinian)이 유엔 비회원국으로서 아동권리협약을 비준, 이행한다.

서 총 3개 국제연구도 수행되었는데,[21] 1996년 〈유엔 아동과 무력충돌에 관한 국제연구〉(UN Global Study on Children and Armed Conflict)[22] 2006년 〈유엔 아동폭력에 관한 연구〉(United Nations Study on Violence against Children)[23] 및 2019년 〈유엔 자유박탈아동 국제연구〉(UN Global Study on Children Deprived of Liberty)[24]가 그 결과이다. 국제연구 보고서는 전 세계 어디에서나 발생하는 아동인권의 공통된 침해 양상을 확인케 하고, 아동인권에 대한 인식 증진 노력과 국제협력의 중요성을 시사하는 중요한 자료가 되었다.

또한, 유엔 아동권리위원회와 같은 조약기구는 개별 조약 이행 모니터링과 더불어, 조약의 해석지침인 일반논평(General comments) 또는 일반권고(General recommendations) 발간,[25] 개인 청원제도, 특정 주제나 의제에 대한 지역 간·국가 간 협의(Consultations) 등 개별 국가의 아동인권 증진과 국제협력을 촉진하는 다양한 역할을 한다.

---

21 아동권리협약 제45조 제3호에 따라, 유엔 아동권리위원회는 유엔 사무총장이 아동권리와 관련된 특정 이슈를 연구하도록 유엔총회에 권고할 수 있다.

22 UNGA(1996). *Promotion and protection of the rights of children: impact of armed conflict on children*(A/51/306).

23 UNGA(2006). *Report of the independent expert for the United Nations study on violence against children*(A/61/299).

24 UNGA(2019). *Report of the independent expert leading the United Nations global study on children deprived of liberty*(A/74/136).

25 유엔 아동권리위원회, 인권위원회(자유권규약 위원회), 경제적·사회적 및 문화적 권리 위원회(사회권규약 위원회), 고문방지위원회, 이주민권리위원회, 장애인권리위원회는 일반논평이라 하고, 인종차별철폐위원회, 여성차별철폐위원회는 일반권고 이름으로 해당 문서를 발표한다.

표 1-2 핵심 국제인권문서와 조약기구

번호	조약기구	핵심 국제인권문서 (채택일)	개인청원	한국비준
1	인종차별철폐위원회 (CERD)	모든 형태의 인종차별 철폐에 관한 국제협약 (1965.12.21)		비준
2	인권위원회 (CCPR)	시민적 및 정치적 권리에 관한 국제규약 (1966.12.16)		비준
		시민적 및 정치적 권리에 관한 국제규약 선택의정서 (1966.12.16)	∨	비준
		사형제 폐지를 위한 시민적 및 정치적 권리에 관한 국제규약 제2선택의정서 (1989.12.15)		×
3	경제적·사회적 및 문화적 권리 위원회 (CESCR)	경제적·사회적 및 문화적 권리에 관한 국제규약 (1966.12.16)		비준
		경제적·사회적 및 문화적 권리에 관한 국제규약 선택의정서 (2008.12.10)	∨	×
4	여성차별철폐위원회 (CEDAW)	여성에 대한 모든 형태의 차별철폐에 관한 협약 (1979.12.18)		비준
		여성에 대한 모든 형태의 차별철폐에 관한 협약 선택의정서 (1999.12.10)	∨	비준
5	고문방지위원회 (CAT)	고문 및 그 밖의 잔혹한, 비인도적 또는 굴욕적 대우나 처벌의 방지에 관한 협약 (1984.12.10)	22조	비준
6	고문방지소위원회 (SPT)	고문 및 그 밖의 잔혹한, 비인도적 또는 굴욕적 대우나 처벌의 방지에 관한 협약 선택의정서 (2002.12.18)		×
7	아동권리위원회 (CRC)	아동권리협약 (1989.11.20)		비준
		아동의 무력충돌 참여에 관한 아동권리협약 선택의정서 (2000.05.25)		비준
		아동매매, 성매매 및 음란물에 관한 아동권리협약 선택의정서 (2000.05.25)		비준
		개인 청원에 관한 아동권리협약 선택의정서 (2011.12.19)	∨	×
8	이주노동자위원회 (CMW)	모든 이주노동자와 그 가족의 권리보호에 관한 국제협약 (1990.12.18)	77조	×
9	장애인권리위원회 (CRPD)	장애인의 권리에 관한 협약 (2006.12.13)		비준
		장애인의 권리에 관한 협약 선택의정서 (2006.12.12)	∨	비준
10	강제실종위원회 (CED)	강제실종으로부터 모든 사람을 보호하기 위한 국제협약 (2006.12.20)	31조	비준

이처럼 아동권리협약은 비준이라는 절차적 요건과 조약기구의 기능을 통해 국가의 정치적 책무와 법적 구속력 모두를 요구하는 주요한 인권규범이라는 역사적·사회적·법적 의미가 있다. 뿐만 아니라, 가장 넓은 범주의 국가적 공감대를 확보했다는 점에서도 단연코 아동인권의 핵심적 준거라 할 수 있다. 아동인권을 이해할 때, 아동권리협약과 관련 문서들을 알아야 할 이유이다.

아동권리협약의 일반원칙

아동권리협약 제43조에 근거하여 설립된 유엔 아동권리위원회는 협약을 비준한 전 세계 당사국의 협약 이행을 모니터링한다. 그 과정에서 모범 사례를 찾고, 국가별·지역별 차이를 확인하며, 국경을 넘어선 공통의 과제도 발굴한다. 유엔 아동권리위원회는 그렇게 다수 국가의 아동권리 보장 수준과 이행 방식을 살펴본 결과로, 협약 이행에 필수로 고려되어야 할 원칙을 제시하였다. 이 원칙들은 협약의 "제2조(비차별), 제3조(아동 최상의 이익), 제6조(생명·생존 및 발달), 제12조(아동 참여 및 의견 존중)"에 명시되어 있으며, 4개 조항을 아울러 일반원칙(general principles)이라 한다.

아동권리협약은 전 세계 모든 지역 사람들에게 같은 의미로 적용된다. 어디에서든, 누구에게든, 인권 형태는 달라질 수 없다. 다만, 협약은 공통 기준을 제시하면서도, 개별 국가의 다양한 문화적·사회적·경제적·정치적 현실을 고려해 각 국가가 모두에게 공통된 권리를 이행하기 위한 자체적 수단을 모색할 수 있도록 하였다. 일반원칙은 그 이행을 안내한다.

개별 권리 목록에 위계는 없지만, 상황에 따라 우선순위를 다르게 평가하는 결과도 협약을 전체적으로 해석하는 실천 사례이다. 예컨대, 일시적으로 분리 보호 중인 아동에게 친가족 관계의 회복과 재결합이 최선인지, 입양이나 위탁보호가 적절한지, 아동의 연령과 특성, 욕구와 주변인과의 관계성 등을 복합적으로 고려한 판단은 사안마다 다를 것이다. 일반원칙은 이러한 결정이 아동권리 실현에 부합하는지를 점검하는 요소다. 아동의 자유와 권리가 부당한 제약 없이 존중되었는지(to respect), 아동이 구조적 차별과 취약성에서 불이익을 입지 않도록 보호 환경이 보장되었는지(to protect), 나아가 아동인권의 보편적 보장 수준을 높일 수 있도록 노력하는지를(to fulfill) 살피는 기준인 셈이다.

비차별(제 2조)

어떠한 종류의 차별도 없이 자국의 관할권 내에서 모든 아동에게 협약에 규정된 권리를 존중하고 보장할 국가의 의무

당사국은 관할권 내의 모든 아동이 자신의 권리를 누릴 수 있도록 보장해야 한다. 달리 말해, 어떠한 아동도 차별받아서는 안 된다. 이는 "아동 또는 아동의 부모 또는 법적 보호자의 인종, 피부색, 성별, 언어, 종교, 정치적 또는 기타 의견, 국가, 민족 또는 사회적 출신, 재산, 장애, 출생 또는 기타 지위와 관계없이" 모든 아동에게 적용된다.

　핵심적 메시지는 기회의 평등이다. 여아에게도 남아와 동일한 기회가 주어져야 한다. 난민 아동, 이주배경 아동, 선주민 또는 소수 민족 아동은 다른 모든 아동과 동등한 권리를 가져야 한다. 장애 아동에게도 적절한 생활수준을 누릴 동일한 기회가 주어져야 한다. 아동 가구의 경제적 수준과 지위에 관계없이, 아동은 모든 사회보장제도와 사회안전망에 도달할 수 있어야 한다. 또한, 차별

상황은 하나의 요인에서 비롯되기보다, 여러 사유가 교차적으로 작용한다.[26] 아동은 연령에 더하여 차별이 중층적으로 존재할 수 있는 사회적 지위상 구조적으로 소외되기 쉽고, 따라서 비차별의 원칙은 편견과 낙인 대물림과 2차 가해를 방지하는 전제이기도 하다. 관행과 제도에 투영된 실체적 불평등을 시정할 수 있도록 비차별 관점에서 적극적 조치를 강구하는 것도 주요한 요청 사항이다.

예컨대, 인체면역결핍바이러스(HIV: Human Immunodeficiency Virus)에 감염되었거나 부모의 감염에 영향을 받는 아동들은 삶의 취약성이 더 커진다. 안전하게 검진과 치료를 받아야 하는데, 병원이나 학교 보건소 접근을 주저할 수 있는 것이다. 아동이 감염된 사실이나 감염되었을 가능성이 교육이나 돌봄 기관, 여타 대면 복지서비스 접근을 막을 수도 있다. HIV/AIDS를 이유로 아동이 배척되지 않도록 법과 지침을 분명히 하고, 이들 아동의 기관과 서비스 이용을 가능케 하는 물리적 구조화는 차별금지를 실천하는 적극적 조치에 해당한다.

---

26 킴벌리 크렌쇼(Kimberlé W. Crenshaw, 1959~)는 유색인종 여성에 대한 폭력이 자행되는 맥락에서 인종과 젠더가 교차하는 구조적 방식을 분석하는 틀로서 교차성 이론을 발전시켰다. 흑인 여성은 흑인 남성이나 백인 여성과 담론상 다른 위치에 있으며, 흑인 여성이 겪는 교차성이란 인종차별이 젠더에 의해서 흑인 남성과 질적으로 다르게 나타나는 점을 말한다. 즉, 교차성은 인종 더하기 젠더가 아니며, 계급, 인종, 젠더, 섹슈얼리티, 시민권상의 지위, 언어가 서로 맞물려 작동하고 서로를 강화하면서 흑인 여성의 억압적 상황과 노동 경험에 영향을 미친다고 보았다[박미선(2014). "여성주의 좌파이론을 향해서". 〈진보평론〉, 59호, 105~125].

범죄를 행한 소년에 대한 사회적 배제가 커지는 현실에서, 아동의 법 위반 경험은 교육, 노동시장 접근에 실질적 차별을 낳기도 한다. 심지어 아동은 지위비행(탈가정 또는 노숙, 무단결석, 음주, 흡연 등)을 이유로 자유 박탈적 처분까지 받는다. 아동이 집을 나왔거나 학교를 가지 않거나, 건강상 해로움과 무관하게 술을 마시고 담배를 피우게 된 경위보다 일탈적 상황 자체가 더 큰 문제인 이유는 무엇일까. 이들은 분명 보호가 필요한 상황인데, 편히 쉬고 즐겁게 배우며 건강하게 생활할 수 있는 여타 지원이 아니라, 소년분류심사원, 소년원, 혹은 특정 시설에 가둘 수 있게 하는 현행의 법적 조치는 아동을 성인보다 더 불이익하게 처우한다. 게다가 보호처분 경험은 학교와 지역사회에서 겪는 낙인을 강화할 수 있다는 점에서 차별을 재생산하는 경로도 된다. 우범소년을 삭제하는 입법적 결단, 비구금적 처우를 우선시하면서 재사회화를 지지하는 사회 내 처우 다양화, 혹은 소년이 진학할 수 있는 교육적 기회를 할당하거나, 아동이 안전하지만 자유롭게 지낼 수 있는 지역사회 거주 공간을 제공하는 등 아동을 우선에 두는 여러 작업이 검토되어야 한다.

부모의 국적이나 인종·민족, 혹은 비정규 체류 상황과 관계없이, 이 땅에 살고 있는 이주배경 아동의 삶은 여기에 있다. 디지털화된 글로벌 현대사회에서 모든 이들이 반드시 한국 문화에 익숙해질 필요도 없다. 다만, 국적국 시민과 언어나 종교, 문화적 관습이 다른 이들의 일상을 보호하는 것과 안정적 정착을 돕는 과제는 얼마든지 병행될 수 있다. 아동이 자신의 정체성을 구성하는 고유한 문화를 사랑할 수 있도록 존중하면서, 다수의 국적국 이웃으로 형성된 사회적 관계에서 배척되지 않도록 보육·교육, 의료 및 보건 서비스 등 개별화된 정책적 지원을 제공할 수 있는 것이다.

국가인권위원회가 장애아동의 교육을 부당하게 거부한 학교에 차별 시정을 권고한 사례도 참고할 만하다.[27] 이 결정문이 근거로 제시한 〈국가인권위원회법〉 제2조가 정의한 평등권 침해 차별행위 및 〈장애인차별금지 및 권리구제 등에 관한 법률〉이 금지하는 차별행위(제4조, 제13조) 등은 아동권리협약 제2조와 같은 내용이다. 인권위 조사로 확인된 사실에 따르면, 학교는 만 4세 발달장애 아동의 행동 특성과 치료 과정을 문제 삼으며 자퇴를 권유했다. 보호자가 학교와 상의하여 한시적으로 집에서 소변 훈련을 하는 등 가정교육을 하다가 다시 학교로 돌아가려고 했을 때 합리적 이유 없이 복귀를 거부했고, 심지어 보호자가 자비로 아동 보조교사를 채용하겠다고 한 것도 불허하였다. 국가인권위원회는 피진정학교 경영자에게 교장 징계, 교직원 대상 인권교육 시행, 장애인 차별 예방 방안 마련을 권고하였다. 또한 피진정학교 장에게는 장애아동 학교 복귀 불허 등 차별행위를 중지하고, 〈장애인차별금지 및 권리구제 등에 관한 법률〉 및 〈장애인 등에 대한 특수교육법〉에 따

---

27 국가인권위원회(2024.1.16). "장애아동 학교 복귀 불허한 외국인 학교 책임자 검찰 고발". 보도자료.

른 지원 인력 배치 등 정당한 편의 제공 의무를 이행할 것을 권고하였다.

적극적 조치는 불평등한 사회에서 타자의 존재를 인정하면서, 정의로운 방향으로 자원을 배분하는 수단이다. 학교는 장애아동의 존재를 교육과정 운영이나 다른 학생 수업권 보장에 방해로 여길 것이 아니라, 화장실 접근성을 높이는 물리적 환경 개선, 아동의 일상을 근거리에서 돕는 보조교사의 배치, 교원의 장애 이해와 인식도 제고 등 제반 여건을 조정하는 선택을 할 수 있다. 장애아동의 존재를 포용하는 학교는 또 다른 아동의 소외를 방지하고, 그곳을 거쳐온 아동은 다른 이들과 어울러 살아가는 방법을 자연스럽게 익힐 수 있을 것이다.

아동 최상의 이익(제 3조)

아동에 관한 모든 행위에 있어서 아동 최선의 이익을
최우선으로 고려할 국가의 의무

국가 당국이 아동에게 영향을 미치는 결정을 할 때에는, 아동에게 최선의 이익을 최우선으로 고려해야 한다. 아동 최상의 이익은 협약에서 인정된 모든 권리의 완전하고 효과적 향유, 그리고 아동의 전인적 발달[28] 보장을 목표로 한다.

---

28 아동의 신체적·정신적·영적·도덕적·심리학적·사회적 발달을 포괄하는 총체적 개념

아동 최상의 이익은 아동권리협약의 근본적 메시지로서, 개념상 3가지 차원을 포괄한다.[29] 첫째로, 아동 최상의 이익은 '실체적 권리'이다. 공공·민간 영역에서 아동이 관련된 모든 활동 또는 결정에서 아동에게 최선의 이익을 제1의 고려 사항으로 평가하고 채택하는 것은 아동의 권리이다. 국가는 그 자체로 권리인 아동 최상의 이익이 보장되었는지 점검하고, 이행할 책무가 있다.

둘째, 아동 최상의 이익은 '해석상의 기본적 법리'이다. 특정한 법·제도가 하나 이상 의미로 해석된다면, 아동 최상의 이익에 가장 효과적으로 부합하는 해석이 선택되어야 한다. 예를 들어, 실종아동을 조기에 발견하기 위한 정책은 아동 안전과 생존을 목표로 하지만, 발견된 아동을 무조건 가정에 돌려보내는 것이 최선일 수는 없다. 아동이 가정의 보호를 벗어난 이유가 아동학대, 가정폭력, 부적절한 양육 환경일 수 있는 것이다. 폭력으로부터 보호받을 아동의 권리, 가정환경 보호 및 가정환경 상실 아동을 위한 국가의 특별한 보호와 지원 의무와 같이 아동권리협약과 협약 선택의정서에 규정된 권리들은 해석 틀을 제공한다.

셋째, 아동 최상의 이익은 '절차 규칙'이다. 어떠한 결정에 도달하기 위해서는, 아동 또는 관련된 아동에게 미칠 수 있는 결정의 영향을 평가해야 한다. 당사자 아동의 권리가 명시적으로 고려되

---

29 유엔 아동권리위원회(2013), "일반논평 제14호: 자신에게 최선의 이익을 제1의 고려사항으로 할 아동의 권리(제3조 제1항)", 6항.

었다는 사실도 입증되어야 한다. 높은 확률로 아동 최상의 이익을 찾을 수 있는 절차적 보장을 약속해야 한다는 의미로서, 국가는 무엇을 아동 최상의 이익으로 보았고, 그 고려는 어떠한 기준에 따른 것이며, 광범위한 정책 사안에서 이들 아동의 이익이 다른 고려 사항들과 어떻게 비교 검토되었는지를 설명할 수 있어야 한다.

아동 최상의 이익이 3개의 층위에서 해석되듯, 아동 최상의 이익에 정답이나 근접한 답은 있을 수 없다. 아동 최상의 이익은 특정한 시점, 특정한 상황에서 무엇이 아동에게 최선인지를 규정하려고 시도하지 않는다. 같은 연령과 같은 상황의 아동이더라도 아동마다 필요한 조치는 다를 수 있는 것이다. 개별 아동을 중심에 두고, 사안마다 개별적 판단이 이루어져야 한다.

때로는 어느 시점에 최적이면서 최선의 방식을 결론지었더라도, 실제로 나타난 결과가 아동에게 부정적 영향을 미칠 수 있다. 아동 양육시설보다 규모가 작은 공동생활가정이 아동에게 더 좋을 것이라 논의하였고 아동도 여기에 동의하였지만, 막상 공동생활가정에서 지내기를 더 힘겨워할 수 있다. 성매수 범죄 피해아동이어서 청소년을 대상으로 하는 성폭력피해자보호시설(특별지원 보호시설)에 거주하는 것이 회복에 더 도움이 되리라 보았는데, 상담 프로그램이 잘 안 맞을 수도 있고, 살던 지역을 멀리 떠나게 된 상황이 심리적 불안감을 가중할 수도 있다. 따라서 아동 최상의 이익에 따른 결정이 있은 이후로도 이를 지켜보면서 신속히 대처하는 계획을 아동 최상의 이익 검토 과정에 포함하고, 실천하는 기제는 필수적이다.

나아가 후속조치에는 결정에 이의를 제기하거나 수정할 수 있는 절차가 반영되어야 한다. 아동이 자신에 관련된 모든 판단과 가능성, 대응 방법을 알고, 관련 절차에 접근하도록 보장해야 함은 물론이다. 아동 최상의 이익은 현재의 권리 항목이면서 지속적 과정을 포괄하는 역동적 개념임을 유념하면서, 아동의 흐르는 시간을 놓치지 않아야 한다.[30]

이러한 아동 최상의 이익은 장애인권리협약에 따른 요청과 큰 차이가 있다는 점에 주목해야 한다. 유엔 장애인권리위원회는 아동권리협약 제3조와 〈장애인의 권리에 관한 협약〉 제23조가 명시한 '최상의 이익' 원칙이 성인 장애인에게 '법 앞의 동등한 인정'을 준수하는 안전장치가 아니라고 강조하였다. 상당한 노력을 기울인 후에 개인 의지와 선호를 결정하는 것이 현실적으로 불가능한 경우여도, '최상의 이익(best interests)'이 아닌 장애인권리협약 제12조 제4항에 명시된 '의지 및 선호에 대한 최선의 해석(best interpretation of will and preferences)'이 이루어져야 하며, '의지 및 선호' 패러다임이 '최상의 이익' 패러다임을 대체해야 한다고 하였다.[31]

이는 분명히 아동인권 담론에서 요구되는 최상의 이익 원칙과 구분되는 관점이다. 협약에 있어 권리 간에 위계는 없으나, 모든 권

---

30 유엔 아동권리위원회(2013), "일반논평 제14호: 자신에게 최선의 이익을 제1
    의 고려사항으로 할 아동의 권리(제3조 제1항)", 98항.
31 유엔 장애인권리위원회(2014), "일반논평 제1호: 12조 법 앞에서의 평등한 인
    정", 21항.

리는 아동 최상의 이익을 위한 것이고, 따라서 아동의 의견을 존중한 결과도 아동 최상의 이익을 훼손할 수 없기 때문이다.[32] 반면, 장애인권리협약은 장애인에게 최선이라 여겨지는 선택지를 찾지 말고, 오롯이 성인 장애인 의사와 선호, 욕구에 집중하라고 하였다. 즉, 아동 최상의 이익은 아동이라는 시기에 집중한 혁신적 요구로서, 아동을 둘러싼 복합적 주체들에게 아동을 위해 협력할 사회적 책무를 부여한다고 해석할 수 있다.

생명 · 생존 및 발달(제6조)

**생명에 대한 아동의 고유한 권리와 가능한 최대한으로
아동의 생존과 발달을 보장할 국가의 의무**

협약 제6조는 "가능한 한 최대한" 보장되어야 하는 생존권과 발달권에 대한 공식을 포함한다. 아동은 그들의 삶을 임의적으로 박탈당하지 않을 뿐 아니라, 그들이 성인기까지 생존하고 가장 광범위한 의미의 발달을 이룰 수 있도록 하는 경제적 및 사회적 정책으로부터 혜택받을 권리를 가진다.[33] 이러한 맥락에서 '발달'이라는 용어는 신체적 건강에 국한되지 않으며, 정신적·정서적·인지적·사회적·문화적 발달이라는 질적 차원을 추가하여 넓은 의미로 해석되어야 한다. 이에 국가는 인간 존엄성을 존중하는 환경을 조성하고, 모든 아

---

32 유엔 아동권리위원회(2013), "일반논평 제14호: 자신에게 최선의 이익을 제1 의 고려사항으로 할 아동의 권리(제3조 제1항)", 4항.
33 유엔 아동권리위원회(2003), "일반논평 제3호: HIV/AIDS와 아동의 권리", 11항.

동의 전인적 발달을 보장해야 한다. 국가가 아동의 천부적 생명권과 생존권 및 발달권에 대한 완전한 존중을 보장하는 것은 아동 최상의 이익을 평가하고 결정하는 모든 과정에서도 필수요건이다. 과거에 '동반자살'이라 불리던 용어가 아동의 생명권을 도외시하였다는 점이 인식되며, 최근에는 '자녀 살해 후 자살'이라는 정정된 표현을 쓰는 것이 협약 제6조 실천에 해당한다.

발달권에 관한 가장 대표적 정책 의제에는 돌봄, 양육이 있다. 아동기는 필연적으로 돌봄이 필요한 때이다. 아동권리협약은 가정환경을 강조하면서, 국가가 부모와 양육자를 지원하고, 일하는 부모를 위해 돌봄 기관 및 서비스를 마련해야 한다고 명시하였다. 아동과 부모가 맺는 애착 관계는 일생의 정서적 기반이 되고, 그 가정이 무너지지 않으려면 사회적·경제적으로 불안하지 않은 생활을 할 수 있어야 하기 때문이다. 부모가 일하는 동안에 아동을 안전하게 돌봐 주는 기관의 확충, 보호자가 장시간 노동이나 위험한 환경에 노출되지 않으면서 아동과 충분한 시간을 보낼 수 있는 노동 조건, 혹은 한부모가정 양육비 확보 방안 등이 아동의 삶을 중심으로 작동해야 한다.

이러한 측면에서 아침 7시부터 저녁 8시까지 학교 건물 안에서 아동을 돌본다는 늘봄학교가 과연 아동의 생명, 생존과 발달권 보장에 적합한 것인지는 의문이다. 늘봄학교 제도가 지역사회와 연결되지 않는 현재 수준에서, 아동은 사실상 학교에 갇혀 있다. 늘봄학교에서는 친구나 식구와 대화하며 먹는 식사, 때로는 함께 식사를 준비하고 정리할 기회, 늘어지게 뒹굴거나 음악을 듣거나 뛰거나 무념무상 걷는 각종 혼자 놀이와 함께 놀이의 자유가 없다. 열악한 예산 여건에서 다수 아동에게 교실 밖 활동을 허용할 교사는 많지 않을 것이다. 여하한 위험에 즉각 대응할 수 없을 때, 최고의 안전은 문제가 발생할 상황 자체를 만들지 않는 것이므로, 장애 아동의 늘봄학교 이용은 더 어려울 수밖에 없다. 결국 안전한 보호를 명목으로 아동의 총체적 발달을 축소시키는 아이러니이니, 늘봄학교는 아동 교육과 돌봄의 권리 보장이라기보다 부모를 고용한 기업의 이익 추구에 더 가까운 실상이다. 돌봄에 대한 국가 책임은 양육자가 자신의 역할을 기꺼이 해낼 수 있는 사회를 조성하는 것이다. 이를 위해서는 보육과 교육, 사회복지 서비스 등 특정 분야를 넘어, 노동과 주거·도시계획 정책 전반에서 아동의 존재성이 고려되어야 한다.

다른 사례로, 음주나 흡연을 대하는 주류 문화도 생각해 볼 만하다. 〈청소년 보호법〉에 따라 청소년에게는 술(〈주세법〉에 따른 주류)이나 담배(〈담배사업법〉에 따른 담배) 등을 판매할 수 없고, 업주는 술, 담배 구매자에게 신분증을 요구해 나이를 확인해야 한다(제28조). 이를 위반해 청소년에게 술이나 담배를 판매했을 때에는 최대 2년 이하 징역 또는 2,000만 원 이하 벌금이 부과될 수 있다(제59조 제6호). 청소년기 아동의 생존과 발달권 보장을 위한 법적 조치이다.

그런데 오프라인 현장에서 주류나 담배 판매에 대한 규제가 무색하게, 우리 사회는 술과 담배 자체에 꽤 관대한 분위기이다. 특히 술의 경우, 인기 있는 대중문화예술인이 주류 광고를 하고, 시간대 제약 없이 광고가 송출되며, 관련 포스터가 편의점이나 식당 곳곳에 붙어 있다. 12세 관람가, 15세 관람가 영화는 보호자 동반 하에 볼 수 있고(〈영화 및 비디오물의 진흥에 관한 법률〉 제4항), 7세, 12세, 15세 이상 시청가능 방송프로그램은 TV나 스마트기기를 통해 별 어려움 없이 볼 수 있는데(〈방송프로그램의 등급분류 및 표시 등에 관한 규칙〉 제3조), 음주 장면은 대학가의 낭만, 직장인의 희로애락, 삶의 애환을 표현하는 다양한 수단으로 적극 쓰인다.

영화와 방송을 본 아동·청소년이 음주를 동경하고, 술을 마셔 보고 싶어 하고, 그러다 음주에 익숙해질 수 있는 게 이상하지도 않다. 주류를 판매하는 전용 매장이 분리되어 있고, 엄격한 신분증명을 거쳐 입장할 수 있으며, 일반 거리에 주류 광고는 하지 않는 해외 사례와 비교되는 현실이다. 아동권리협약 제6조와 맞닿아 있는 협약 제24조 도달 가능한 최상의 건강 수준을 누릴 아동의 권리는 개인 사업자와 아동 보호자만의 책임이 아니다. 아동 건강에 기여하도록 거리를 정화하는 전 사회적 동참이 중요하다.

상대적으로 흡연에 대한 자정 작용은 상당히 선진적으로 이루어졌다. 2002년 12월 KBS가 'KBS 드라마에는 담배가 없습니다'라는 슬로건으로 흡연 장면 삭제를 선언했고, SBS가 곧바로 동참했으며, 2004년에는 MBC가 흡연 장면을 화면에서 지웠다.[34] 2023년 12월

---

34 류지윤(2024.3.28). "[콘텐츠 속 흡연①] 사라진 TV 속 담배, 규제로 인식 개

에는 보건복지부와 한국건강증진개발원이 '아동·청소년 흡연 예방을 위한 미디어 제작·송출 가이드라인'을 발표하는 등 지난 20여 년간 방송에서 흡연 모습은 상당히 사라졌고, 아동이 볼 수 있는 방송에 흡연 장면을 나타났을 때 이를 지적하는 시청자들의 태도도 매우 성숙해졌다. 아동의 광범위한 발달을 위한 과제는 층층이 협력이 필요하다.

한편, 생존과 발달의 최대한 보장은 절대적 수치가 아니며, 현재 수준에서 가능한 최선의 노력을, 나아가 점진적으로 지속되는 의무 이행을 요구하는 개념이다. 미세먼지 취약계층 지원 정책을 예로 들면, 한정된 자원을 어떻게 투입할 것인지 단계별 계획이 필요하다. 미세먼지 저감을 위한 기술적 조치가 또 다른 환경적 이해를 유발하지는 않을지도 검토되어야 한다. 급격한 기후변화 시대에서 아동 발달권은 더욱이 광범위한 국가적 책무를 아우른다. 즉각적이고 단호한 대처가 필요한 사안이라도 과학적으로 검증되지 않은 어떠한 기술적 조치를 시험적으로 할 수는 없을 것이다. 코로나19 바이러스 백신은 전례 없이 빠르게 개발·승인되었지만, 개발 초기에 어린이·영유아 접종은 권장하지 않거나 일정 기간 경험치가 쌓인 뒤 실시했던 이유도 이와 같다.

선된 20년". 〈데일리안〉. https://www.dailian.co.kr/news/view/1344510/?sc= Nate(2024.12.5. 인출).

아동의 참여와 의견 존중 견해(제12조)

"아동에게 영향을 주는 모든 문제"에 대하여 아동이 자신의 견해를 자유롭게 표현할 권리를 보장하고 이에 정당한 비중을 부여할 국가의 의무

아동은 자신에게 영향을 미치는 모든 문제에 대해 자유롭게 의견을 가질 수 있어야 하며, 이러한 의견은 "아동의 연령과 성숙도에 따라" 적절한 가중치를 부여해야 한다. 아동은 자신에게 영향을 미치는 모든 사법 또는 행정 절차를 포함하여 자신의 의견을 말할 수 있고, 그렇게 들려진 견해는 진지하게 받아들여질 권리가 있다는 개념이다.

특별히 "자신의 견해를 형성할 능력"이라는 요건은 아동 연령에 제한을 두지 않는다. 견해를 형성할 능력이 있고 없음을 증명하는 것은 아동 책임이 아니다. 국가는 아동이 자신의 견해를 형성할 능력이 있다고 보아야 하고, 아동이 그 견해를 표현할 권리가 있다는 것을 인정해야 한다. 이 문구는 아동의 자율적 의사표현 능력을 최대한 넓게 측정할 국가 의무를 말한다. 참고로 유엔 아동권리위원회는 언어로 표현하지 못하는 매우 어린 연령의 아동도 자신의 견해를 형성할 능력이 있으므로, 협약 제12조를 완전히 이행하기 위해서는 놀이, 신체언어, 얼굴 표정 및 그림과 같이 매우 어린 아동이 자신의 이해, 선택 및 기호를 보여주는 비언어적 형태의 의사소통을 인정하고 존중해야 한다고 설명하였다. 필요한 경우에는, 적절한 대리인을 통해 의사소통을 지원받아야 한다. 또한, 아동이 의견을 표명하는 결과로 불이익을 입지 않도록 방지하면서, 참여에 대한 자율성을 온전히 존중하는 것도 제12조의 주요한 요청이다.

중앙부처 기관과 지방자치단체에서 예산이나 정책 수립에 아동 의견을 반영하는 참여기구를 운영하고 있고, 실제로 그 의견에 따른 의사결정이 이루어지기도 하는 등 과거와 비교해 꽤 많은 진전은 있었다. 제2차 아동정책기본계획(2020~2024)에 따라, 보건복지부 연속사업으로 추진되는 대한민국 아동총회의 결의문은 아동정책조정위원회(위원장 국무총리) 안건으로 보고되고 있다. 코로나19 팬데믹이 시작되었던 2020년 5월에는 중앙방역대책본부가 코로나19와 관련해 어린이와 직접 질의응답을 하는 브리핑이 진행되기도 했다.

하지만 많은 경우에, 아동 참여권 혹은 의견이 청취될 권리는 여전히 '말할 기회의 제공' 정도로 이해되거나 '일회성 이벤트'로 활용되는 경향이 더 큰 현실이다. 대개 지방자치단체 장이나 지방의회 의원, 어느 기관장이 참여 아동들의 의견을 듣는 퍼포먼스까지는 이루어지는데, 그 이후는 대체로 일관적이지 않다. 전달된 의견이 반영된 결과는 의식적 노력의 결과라기보다, 때마침 유사한 정책이 있었거나, 예산과 정책 범위를 크게 변동시키지 않는 범위에서 수용하는 사례가 많다.

이마저도 의미가 없지는 않지만, 정책과 관련해 제안한 의견이 반영되거나 반영되지 못한 결과를 아동에게 고지되는 단계가 필수가 아닌, 참여기구 담당자 재량에 맡겨진 현실은 본질적 한계다. 환류가 권리로 보장되지 않았을 때, 아동의 효능감은 높아지기 어렵고, 아동에게 제공되는 참여 기회는 증진과 확산으로 이어지기 어렵다. 아동 의견청취권을 이행하기 위한 단계별 요건은 참여권 보장이면서 여타 권리를 효과적으로 실현하기 위해 필수로 점검되어야 한다.[35]

1) 준비

아동 의견을 청취할 책임자는 섬세하게 준비해야 한다. 우선 책임자는 아동이 자신에게 영향을 미치는 모든 문제, 특히 사법적·행정적 절차에서 의사를 표현할 권리가 있고, 표명한 의견이 결과에 미칠 수 있는 영향에 대해서 분명히 알려야 한다. 아동은 직접 또는 대리인을 통해 의사를 표현할 수 있고, 책임자는 각 선택이 가져올 수 있는 결과에 대한 정보도 안내해야 한다. 관련된 의사결정 권한자는 아동이 의견을 말하기 전에 언제, 어디서, 어떻게 진술이 이루어지며, 참석자는 누구인지 등을 설명하여 아동이 충분히 준비할 수 있도록 하고, 그 준비 과정에서도 아동의 의견을 고려해야 한다.

2) 의견 청취

아동이 의견청취권을 행사하는 분위기는 지지적이고 고무적이어야 한다. 아동의 이야기를 들을 준비가 된 환경에서 아동은 책임자가 자

---

35 이하 다섯 가지 단계는 유엔 아동권리위원회(2009), "일반논평 제12호: 아동의 의견청취권", 제40~47항 참조.

신의 의견에 귀 기울이고 이를 진지하게 고려할 것이라 확신할 수 있다. 자율성 맥락에서 가급적 아동의 진술은 일방적 조사 형식이 아닌 대화 형식으로 이루어지는 게 더 좋고, 유엔 아동권리위원회는 법정 공판과 같은 경우에 비공개로 진술하는 것이 더 좋다고 권한다.

3) 아동의 능력 측정

사안에 대한 개별적 분석을 통해 아동이 자신의 독자적 의견을 형성할 능력이 있다고 판단되는 경우(영유아를 당연히 배제하지 않는다), 아동은 자신의 의견에 정당한 비중을 부여받아야 한다. 의사결정권자는 문제에 대응할 때, 아동이 합리적이고 독립적 방식으로 형성한 의사를 중요한 요소로 고려해야 한다.

4) 아동의 의견에 부여된 비중에 대한 정보(피드백)

아동은 자신의 의견에 정당한 비중을 부여받을 권리가 있고, 따라서 의사결정권자는 반드시 아동에게 절차 전반과 결과를 알리고, 그 의견을 어떻게 고려했는지 설명해야 한다. 피드백은 아동 견해를 형식적으로 청취한 것이 아니라 진지하게 고려했음을 보장하는 절차이다. 아동은 이 정보를 획득함으로써 주장, 동의, 다른 제안을 할 수 있고, 사법적·행정적 절차라면 상소나 소송/진정을 제기할 수 있다.

5) 소송/진정, 법적 구제, 배상

아동의 의견청취권과 그 견해에 정당한 비중을 부여받을 권리가 무시되거나 침해되었을 때, 아동은 법적 절차에 따라 구제받을 수 있어야 한다. 아동은 자신이 겪은 부당함을 표현하기 위해 옴부즈퍼슨이나 관련된 모든 아동시설(특히 학교, 주간돌봄센터)에서 옴부즈퍼슨에 상응하는 역할을 하는 사람에게 접근할 수 있어야 한다. 이를 위해서는 아동이 옴부즈퍼슨과 같은 존재를 알고, 어떻게 접근할 수 있는지도 알아야 한다. 만약 아동의 의견을 청취하는 과정에서 가족 내에 갈등이 있다면, 아동은 지역사회의 아동복지서비스 담당자에게 도움을 요청할 수 있어야 한다. 가장 가까운 가족 구성원 존재가 의견청취를 저해할 수 있기 때문이다.

또한, 사법적·행정적 절차에서 아동의 의견청취권이 침해되었다면 아동은 소송/진정을 제거하거나 상소할 수 있어야 하며, 이러한 체계는 아동이 폭력이나 처벌에 노출되지 않으리라 확신할 수 있는 구조여야 한다. 아동이 의견을 말하는 장소가 안전하고 믿을 수 있는 곳이어야 한다는 '준비'의 맥락과 연결되는 지점이다.

그림 1-2 로저 하트(Roger Heart)의 참여 사다리

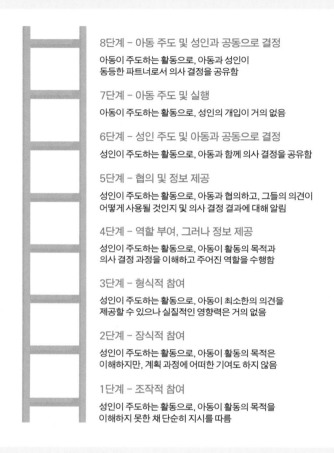

8단계 – 아동 주도 및 성인과 공동으로 결정

아동이 주도하는 활동으로, 아동과 성인이
동등한 파트너로서 의사 결정을 공유함

7단계 – 아동 주도 및 실행

아동이 주도하는 활동으로, 성인의 개입이 거의 없음

6단계 – 성인 주도 및 아동과 공동으로 결정

성인이 주도하는 활동으로, 아동과 함께 의사 결정을 공유함

5단계 – 협의 및 정보 제공

성인이 주도하는 활동으로, 아동과 협의하고, 그들의 의견이
어떻게 사용될 것인지 및 의사 결정 결과에 대해 알림

4단계 – 역할 부여, 그러나 정보 제공

성인이 주도하는 활동으로, 아동이 활동의 목적과
의사 결정 과정을 이해하고 주어진 역할을 수행함

3단계 – 형식적 참여

성인이 주도하는 활동으로, 아동이 최소한의 의견을
제공할 수 있으나 실질적인 영향력은 거의 없음

2단계 – 장식적 참여

성인이 주도하는 활동으로, 아동이 활동의 목적은
이해하지만, 계획 과정에 어떠한 기여도 하지 않음

1단계 – 조작적 참여

성인이 주도하는 활동으로, 아동이 활동의 목적을
이해하지 못한 채 단순히 지시를 따름

하트는 아동 참여의 최고 수준은 "아동이 주도하되, 성인과 의사결정을 공유(*child-initiated, shared decisions with adults*)"하는 것이라 하였다.[36] 이는 하나 아래인 7단계로 제시된 "아동이 주도하고 지시하는(*child-initiated and directed*)" 형태보다 더 높은 수준의 참여로, 아동 발화를 우선순위에 두면서 상호 대등한 관계로 함께 의사결정을 도출하는 것이다. 아동이 자신의 욕구와 견해를 말할 수 있으려면 제반 사정을 알아야 하고, 성인은 아동과 함께 여하한 가능성에 대비하는 준비를 갖춰야 할 필요를 알 수 있다.

정리하면, 아동권리협약 제12조는 아동 스스로 이해할 수 있는 여건에서 자신의 욕구와 필요를 말할 수 있는 권리를 말한다. 아동이 기꺼이 말하고자 하는 환경은 필수적 전제이고, 그 의견을 아동 최상의 이익에 부합하게 해석하고 존중하며 실현하는 것은 어른의 책무이다.

---

36 Hart, R. (1992). "Children's participation: From tokenism to citizenship". Florence: UNICEF International Child Development Centre.

아동권리접근법의 이해

아동권리접근법(*child rights-based approach*)이란 아동권리협약 및 그 밖의 국제인권조약에서 명시한 아동인권 보장을 추구하는 것이다. 이는 정책 개발이나 프로그램을 추진할 때 아동인권의 국제기준과 원칙을 반영하면서, 권리주체자인 아동의 권리 행사를 촉진하는 접근법이다.[37] 아동권리협약 제 5조가 명시하였듯, 모든 아동은 자신의 발달하는 역량에 맞게 보호자와 지역사회 구성원의 지지 및 안내를 받을 권리가 있고, 유엔 아동권리위원회는 이를 위해서 '아동보호접근법'에서 '아동권리접근법'으로 패러다임을 전환해야 한다고 요구하였다.[38] 이하의 아동권리접근법에 대한 유엔 아동권리위원회의 설명에서 알 수 있듯, 아동권리협약의 일반원칙은 아동권리접근법에 적극적으로 활용된다.

유엔 아동권리위원회 설명과 함께, 국제개발협력 맥락에서 발달한 유엔의 공동 이해(*Common Understanding*) 자료가 명시한 세 가지 원칙도 아동권리접근법을 이해하는 데 도움이 된다.[39]

---

37 UNICEF(2014). *Child Rights Education Toolkit: Rooting Child Rights in Early Childhood Education, Primary and Secondary Schools*. First edition, New York: UNICEF.

38 UN CRC(2011). General comment No. 13: The right of the child to freedom from all forms of violence(CRC/C/GC/13), para. 59.

39 UN Development Group(2003). The Human Rights Based Approach to

유엔 아동권리위원회에서 정의한 아동권리접근법

- **권리주체자**로서 아동의 존엄성, 생명, 생존, 복지, 건강, 발달, 참여 및 차별금지에 대한 존중을 아동 관련 국가 정책의 최우선 목표로 수립하고 이를 촉진해야 한다.
- 이를 가장 잘 실현하기 위해서는 **협약 및 그 선택의정서에 명시된 모든 권리**를 존중하고 보호하며 이행하는 것이 필요하다.
- 아동을 도움을 필요로 하는 '객체'로 인식하고 대우하는 접근법에서 벗어나, **양도 불가능한 권리를 가진 주체로 아동을 인식**하는 사고의 전환이 요구된다.
- 아동권리접근법이란, 협약에 명시된 모든 아동의 권리 실현을 증진하는 것으로, **의무이행자가** 권리를 존중하고 보호하며 이행할 의무를 다할 수 있도록 **역량을 개발**하고, **권리주체자가** 자신의 권리를 주장할 수 있는 **역량을 키우는 것**을 말한다. 이 과정은 항상 아동권리협약의 일반 원칙 및 협약 제5조에 따라야 한다.
- 아동권리접근법은 **전체론적**이며, 아동 자신과 아동이 속한 모든 사회 체계(가족, 학교, 지역사회, 기관, 종교 및 문화체계)의 강점과 자원을 지원하는 데 중점을 둔다.

출처: UNICEF(2014), pp.21~22.

Development Cooperation: Towards a common understanding among UN agencies.
https://unsdg.un.org/resources/human-rights-based-approach-development-cooperation-towards-common-understanding-among-un.

아동권리접근법은 아동의 관점을 놓치지 않아야 한다는 요청이다. 아동은 인간이며, 권리주체자이며, 따라서 자신의 존엄성을 지킬 수 있는 방식으로 대우받아야 한다. 또한, 아동권리접근법은 인권기반접근법의 하나로 이해되기도 하지만, 앞서 강조했던 아동권리협약 제2조(비차별), 제3조(아동 최상의 이익), 제6조(생명·생존 및 발달), 제12조(아동참여와 견해 존중)과 더불어 제5조(발달에 적합한 방식으로 부모 및 가족과 지역사회의 안내와 지도를 받을 권리)에 따라 실천되어야 한다는 점에서 더 구체적 방법론이다. 아동 역량 발달과 더불어, 이를 지지하는 의무이행자의 권리 존중을 포함한 역량 발달이 주요하게 요구되는 관계성에서도 분명히 나타난다. 힘의 분배와 균형이 핵심인 아치 형태로 표현되듯, 아동인권은 아동만을 위한 인권이 아니며, 모두의 인권을 보장, 증진하는 기준점인 셈이다.

그림 1-3 인권의 아치

의무이행자
Duty-bearer

아동이 권리를
누릴 수 있도록
지원하는
환경 조성

권리주체자
Rights-holder

• 인식 (Awareness)
• 역량 (Capacity)
• 기회 (Opportunity)
• 지원 (Support)
• 구제 (Redress)

출처: UNICEF(2014), p. 24.

따라서 아동권리접근법은 아동정책을 설계할 때 효과적 수단이
된다. 첫 출발은 아동의 어떤 권리를 보장하려는 것인지 분명히 하는
것이며, 아동권리협약의 일반원칙에 따라 다음과 같이 질문해 볼 수
있다.

아동의 차별받지 않을 권리를 간과하지는 않았는가? 배제된 아동
이 있거나, 이익이 상충되는 아동은 없는가? 아동의 생명, 생존과 발
달을 충분히 지지하는가? 아동보호정책이 마련되고 효과적으로 쓰
이는가? 아동 최상의 이익을 도모하며, 어려운 경우 그 이유와 대안
은 마련되어 있는가? 예측하지 못했던 상황에 대비하는 아동의 권리
구제 방책은 준비되어 있는가? 아동의 의견을 듣고 그 의견에 정당
히 화답하였으며, 아동의 관점에서 정책을 수립한 것인가? 소외된
아동과 취약한 아동의 참여가 확보되었는가? 이러한 면면을 구체적
으로 살핀다.

또한, 이 정책에 따른 아동권리를 존중, 보호, 실현할 수 있는 의무 이행자는 누구인가? 그들이 제 역량을 충분히 발휘할 수 있도록 충분한 지원이 제공되었는가? 아동은 이 정책 내용과 그에 따른 자신의 권리를 알고 있는가? 필요시 자신의 권리 보장을 청구할 수 있도록 지지받고 있는가? 이와 같은 부분들을 확인한다.

아동권리접근법이란 도구는 다소 생소할 수 있지만, 아동을 염려하는 우리의 마음에 아동 눈높이에서 상황을 살피려는 의지가 더해진다면 그것이 곧 아동권리접근법의 적용이 될 수 있다. 적어도 우리 모두는 한때 아동이었고, 아동과 함께 살아가고 있으니까. 나의 어린 시절에 아쉬움이 있다면, 그 아쉬움이 대물림되지 않도록 아동의 존재성에 집중하려는 노력이라 표현할 수도 있겠다. 아동권리접근법은 아동의 권리에서 출발하지만, 결국 모두에게 더 나은 미래를 희망하는 마음으로 모아질 것이다.

2장   한국의 아동정책과 아동인권

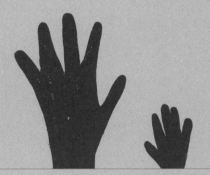

"어린이는 비로소 인간이 되는 것이 아니라 하나의 인간이다."

– 야누슈 코르착(Janusz Korczak)

아동정책의 변천과 현황

앞서 인권 보장과 실현의 최종적 책임은 국가에 있고, 지구 사회 인권 증진을 위한 국가 간 협력이 중요하다고 이야기했다. 특히 발달 과정의 의존성, 자율성에 대한 역량 변화가 큰 폭으로 전개되는 아동기에 대한 국가 책무는 더욱이 중요하다.

이때 국가는 국회, 중앙정부의 행정기관만을 말하지 않는다. 연방제 국가 지방정부는 물론, 분권화 시대의 지방자치단체도 공동 의무를 부담한다. 아동이 어릴수록 마을, 이웃, 근거리의 환경이 중요하다는 점을 상기하면, 지방자치단체 사무의 중요성은 충분히 알 수 있다. 활동반경이 확장되는 학령기와 청소년기에도 지방자치단체는 그들의 역사가 쌓인 지역사회로서 특별한 의미가 있다.

위원회는 권한 이양 및 정부의 위임을 통한 권력의 분권화는 국가 구조와 상관없이 어떠한 경우에도 그 국가 관할권 내에서의 모든 아동에 대한 의무를 당사국 정부가 이행해야 할 직접적인 책임을 감소시키지 않음을 많은 당사국들에게 강조할 필요가 있다는 점을 발견하였다. (…) 당사국 정부는 권한을 이양받은 행정부나 지방 당국이 협약을 전적으로 준수하도록 요구할 권한을 보유해야 하며, 국가 관할권 내의 모든 아동에게 협약이 차별 없이 존중되고 적용되는 것을 보장하기 위한 영구적인 모니터링 메커니즘을 설립해야 한다. 나아가, 분권화나 권한 이양이 다른 지역에 속한 아동의 권리 향유에 있어 차별

로 이어지지 않도록 보장하는 안전조치도 마련되어야 한다.[1]

이처럼 지방자치단체는 아동이 경험하는 일상에 주목할 독자적 책무가 있다. 중앙정부는 지자체에 따라 아동의 삶에 차등이 발생하지 않도록 지원하고, 모니터링하는 권한을 행사해야 한다. 따라서 중앙에서 지방으로 이어지는 아동인권 보장체계를 이해하는 것은 중요한 의미가 있다. 선출직 공무원이 기관장이 되듯이 각 기관은 독립적 법인격을 갖지만, 아동인권 보장에 대한 각자의 책임이 모두 연결되어 있기 때문이다.

이러한 국가 및 지방자치단체 책무는 결국 아동복지제도 혹은 아동보호체계라는 형태로 구현될 것인데, 아동을 위한 개별 정책이 어떤 관점으로 설계 및 집행되어야 하는지는 관련 법 현황과 연혁을 통해 해석되어야 한다. 배경 없는 정책이 없듯, 과거 경험과 배움은 정책 당위성과 필요를 뒷받침한다. 우리나라 경우 〈아동복지법〉을 중심으로 아동권리협약 이행 법·제도화가 진전된 터라, 〈아동복지법〉이 제·개정된 흐름과 함께 해당 시기에 관계된 법령 변천을 살펴보면 아동정책을 이해하는 데 도움이 될 수 있다.

먼저 1961년 12월 제정된 구 〈아동복리법〉은 경제성장이 최우선이었던 국가 관점이 그대로 투영된 법이다.[2] 제정법은 적용 대상

---

1 유엔 아동권리위원회(2003), "일반논평 제 5호: 아동의 권리 협약의 이행을 위한 일반 조치(제 4조, 제 42조, 제 44조 6항)", 40~41항.

2 이하 구 〈아동복지법〉 제정부터 1981년 전부개정된 〈아동복지법〉에 관련한 기술

을 "아동이 그 보호자로부터 유실, 유기 또는 이탈되었을 경우, 그 보호자가 아동을 육성하기에 부적당하거나 양육할 수 없는 경우, 아동의 건전한 출생을 기할 수 없는 경우 또는 기타의 경우(제1조)"로 정하여 아동복지제도 성격을 요보호아동(오늘날 '보호대상아동')을 위한 사후적 대처로 보았다.

공적 자원의 이용을 제한할 수 있도록 시설보호아동 탈시설화(가족의 상담과 지도, 아동의 입양, 위탁 또는 거택구호[3])를 추진한 것도 특징적이다. 3공화국 정부는 1964년에 대한양연회(대한사회복지회) 지부를 각 시·도에 두어 시설보호아동을 입양 또는 위탁 보호하는 사업을 전개하기도 하였고, 1967년 제정된 구〈고아입양특례법〉에 따라 해외입양을 활성화하였다. 다른 한편으로, 제정법은 일제강점기 〈조선감화령〉[4]을 대체한 것으로(부칙),[5] 대다수 민간에서 운영하던 "아동

은 다음 논문을 참조하여 작성하였다. 이혜경(1993). "경제성장과 아동복지정책의 변용: 한국의 경험". 〈한국아동복지학〉, 1호, 199~223.

3 아동복리지도원과 아동위원의 직무(1962. 3. 27 제정 및 시행된 구〈아동복리법 시행령〉 제3조) 참조.

4 조선총독부는 1923년 〈조선감화령〉(朝鮮感化令)을 공포해 "① 8세 이상 18세 미만의 나이로 불량행위를 하거나 또는 불량행위를 할 우려가 있는 자, ② 18세 미만의 아동으로 친권자 또는 후견인이 입원을 출원한 경우, ③ 재판소의 허가를 받아 징계장에 들어갈 자"를 입원 대상으로 정했다. 〈조선감화령〉에 근거해 경찰과 행정청 모두 불량아를 단속할 수 있었는데, 식민지 체제에서 불량아 단속은 치안의 목적으로 이용되면서 유기, 미아 또는 빈곤 등으로 거리 상황에 있는 아동들을 사회에서 격리하는 형태로 시행되었다. 수용된 아동은 각종 체벌과 폭력, 노동 착취는 물론 전시 체제의 인력으로 동원되었다[신정윤(2019). "일제하 미성년자의 범죄문제와 조선총독부의 대책". 〈역사와 세계〉, 55호, 179~229].

5 ① 본법은 단기 4295년 1월 1일부터 시행한다. ② 단기 4256년 9월 제령 제12호

상담소, 보육시설, 조산시설, 정신박약아보호시설, 맹농아아양호시설, 신체허약아보호시설, 지체불자유아보호시설, 모자보호시설, 탁아시설, 아동휴양시설, 교호시설, 부랑아보호시설과 소년직업보도시설" 등을 아동복리시설로 열거하였고(제3조 제1항), 1961년 8월 제정 및 시행된 구〈보호시설에 있는 고아의 후견 직무에 관한 법률〉에 근거해 시설보호아동 법정대리권 공백을 간이하게 해결하고자 하였다. 탁아시설도 적극 활용되었는데, 대체로 영육아수용시설과 다를 바 없던 것으로 보고된다. 보호가 필요한 아동에 집중해 최소한 자원을 투입하려던 것과 같은 맥락에서, 빈곤아동, 장애아동이나 탈가정 청소년 또는 범죄소년과 같은 더 취약한 상황의 아동보호는 시설수용으로 대처했다고 볼 수 있다.

　구〈아동복리법〉은 약 20년이 지난 1981년 3월 전부개정되었고 이때 법 제명은 〈아동복지법〉으로 개칭되었다. 구호적 성격의 복지에 중점을 두던 이전 법이 그동안 경제·사회 발전에 따른 사회적 복지 요구에 부응하지 못하고 있으므로 요보호아동뿐만 아니라 일반아동을 포함한 전체 아동의 복지 보장으로 보호대상범위를 확대한다고 개정 이유를 밝힌다. 1970년대 가속화된 경제성장과 더불어 첨예해진 사회적 불평등 상황에서 균형발전과 사회통합에 대한 논의가 커

〈조선감화령〉은 이를 폐지한다. ③ 본법 시행 당시 〈조선감화령〉에 의하여 설치된 감화원과 〈조선구호령〉에 의하여 설치된 구호시설은 각각 본법에 의하여 설치된 아동복리시설로 간주한다. 단, 본법에 의한 설치기준에 미달한 것은 본법 시행일로부터 6월 이내에 그 기준에 적합하도록 하여야 한다.

진 때였다. 특히 한국 경제성장과 미국 월남전 개입을 이유로 1970년대 중반 상당수 외국민간원조단체가 국내 사업을 종료하였고, 이는 그간 외국자원에 의존해 왔던 아동복지사업에 큰 타격을 초래했다.

당시 한국 정부의 대응은 외국자원을 대신할 민간자원을 확보하고, 시설에 대한 지원(아동 양육비 등 생계비, 시설 종사자 인건비, 시설 유지비 등)을 현실화하면서, 구 〈고아입양특례법〉을 대체하는 구 〈입양특례법〉을 1976년 12월 제정해 30개소 국내입양기관을 지정하는 등 국내입양을 적극 추진하는 방안이었다.[6] 또한, 1982년 12월 제정된 구 〈유아교육진흥법〉에 따라 1970년대 후반 정부 부분 지원으로 운영되던 600~700개 어린이집을 새마을 유아원으로 통합하며 보육시설을 크게 확충했다. 이에 1989년 개정된 〈아동복지법 시행령〉은 아동복지시설 종류에 아동을 보호·양육하는 탁아시설을 추가하고, 생활보호대상자 자녀가 우선 입소할 수 있도록 했다. 이처럼 전부개정의 취지가 무색하게, 보편적 아동복지 관점은 그다지 나타나지 않는다. 아동복지정책은 여전히 민간에서 조달된 재원에 의존했고, 시설보호아동의 보호 수준을 높이거나 입양을 성사시키는 것에 초점을 뒀으며, 보육정책도 선별적 복지 형태였다.

〈아동복지법〉은 2000년 1월 다시금 전부개정되었는데, 1998년 영훈이 남매 사건과 1999년 김신애 사건 등 당시 심각한 사회적

---

6 구 〈입양특례법〉은 1995년 1월 〈입양촉진 및 절차에 관한 특례법〉으로 전부개정되어, 요보호아동의 신속한 입양 성사를 목적으로 하였다.

문제로 대두되었던 아동학대 대응을 중심으로 아동보호체계의 틀을 갖추기 시작하였다. 이때 아동학대에 대한 정의와 금지유형이 처음 법에 명시되었고, 아동학대 신고 의무화, 긴급전화 및 아동보호전문기관 설치, 아동학대 조사 규정이 〈아동복지법〉에 반영되었다. 이전 법 개정과 비교해, 1998년 임기가 시작된 김대중 정부의 친복지적 성향, 학대피해아동 보호에 관심을 기울인 국회의원, 아동학대 대응에 목소리를 높인 민간단체 등의 활동이 복합적으로 영향을 미친 차이도 있다. 아동권리협약 일반원칙이 기본이념에 일부 반영되었고, 아동의 권리와 안전에 대한 국가 책임을 분명히 하는 등의 변화도 찾을 수 있다.[7]

〈아동복지법〉 개정과 더불어 당대 아동정책을 이해하려면, 1990년대 법제화된 청소년 관련 법들도 눈여겨봐야 한다. 보호대상아동에 주된 관심을 두었던 기존 〈아동복지법〉은 청소년기 특성에 주목하지 못했고, 1964년에는 청소년 업무를 종합적으로 수행하기 위해 내무부 장관을 위원장으로 하는 '청소년보호대책위원회'가 설치되었다. 이후 청소년보호대책위원회는 1977년 국무총리를 위원장으로 하는 '청소년대책위원회'로 개편되었다.

그러나 기구 격상에도 불구하고 청소년 관련 정책은 여전히 개별 부처에서 각기 집행되던 상황이었다. 이에 정부는 총괄 및 협의·조

---

7   변미희·이무영(2003). "1999년 아동복지법 전면개정의 정책결정과정에 관한 연구". 〈한국가족복지학〉, 8권 1호, 51~67.

정 기능 보강을 목적으로 1984년 '청소년문제개선종합대책'을 수립하였고, 1985년에는 국무총리실에 청소년대책심의관을 두었다. 1987년 11월 구 〈청소년육성법〉이 제정된 직후 1988년부터는 체육부가 청소년 업무를 전담하게 되었다. 전담 부처가 생기면서, 시·도와 시·군·구로 이어지는 청소년 정책 전달체계도 확보되었고, 1990년 5월에는 청소년헌장이 제정·공포되었다. 다만, 체육부 (1991년 1월 체육청소년부로 개편)는 서울올림픽 이후 체육 업무만으로는 부처가 존속되기 어렵다고 판단해 '청소년수련활동의 제도화'를 통해 청소년육성을 추진하고자 하였다. 그 결과 1991년 12월 '청소년기본계획' 수립과 함께 구 〈청소년육성법〉을 대체하여 제정된 〈청소년기본법〉은 교육, 복지, 노동, 보건, 주택, 사회참여 등을 아우르는 종합적 청소년 정책의 기본틀을 제시하기보다 청소년수련시설 설치·운영에 상당히 치우쳐 있었다.[8]

정부 주도로 전개된 청소년 정책에 인권 관점이 나타난 시점은 1998년 '제2차 청소년육성5개년계획(1998~2002)' 수립 전후로 평가된다. 이전까지는 청소년을 미래의 시민(새 시대의 주역)으로 보면서 선도·보호·교화 위주로 정책이 추진되었던 반면, '제2차 청소년육성5개년계획'은 청소년 권리 보장과 자율적 참여를 주된 정책 방향으로 설정하였다.

---

8   이용교(1995). "한국청소년정책의 형성과정에 관한 연구".《한국사회복지학회: 학술대회논문집》, 173~185.

표 2-1 1990년과 1998년의 청소년헌장

1990년 5월 12일
제정 · 선포된 청소년헌장

청소년은 새 시대의 주역이다.
뜨거운 정열을 가슴에 품고 자연과 학문을 사랑하며, 한마음으로 굳게 뭉쳐 조국 발전의 일꾼이 되어, 세계와 우주로 힘차게 나아가 인류의 자유와 행복을 이룩한다.
여기에 우리 모두가 나아갈 길을 밝힌다.

1. 청소년은 출생, 성별, 학력, 직업, 그리고 신체적 조건에 따른 어떠한 차별도 받지 않는다. 모든 청소년은 적성과 능력을 갈고닦아 스스로 어려움을 헤쳐 나아가는 슬기와 용기를 갖춘다.

1. 가정은 청소년이 정서를 가꾸고 애정과 대화를 나누는 곳이다. 어버이는 올바른 삶의 본을 보이며 자녀는 어른을 공경하는 몸가짐과 밝은 성품을 익힌다.

1. 학교는 청소년이 조화로운 배움을 통하여 교양과 지식과 체력을 기르는 곳이다. 자질을 존중하고, 자아실현을 통하여 삶을 윤택하게 하는 길을 가르치며 문화 의식과 민주 시민 정신을 높인다.

1. 사회는 청소년이 즐겁게 일하며 보람 있게 봉사하는 곳이다.
성장과 발달을 도와주며, 더불어 사는 기쁨과 여가 선용의 마당을 제공하고, 건전한 환경을 만든다.

1. 국가는 청소년을 사랑하고, 이들을 위한 정책에 최대의 노력을 기울인다.
배움터와 일터를 고루 갖추고, 도움을 필요로 하는 청소년 개개인을 각별히 보호하여 적응하고 자립하도록 이끈다.

표 2-1 계속

청소년은 자기 삶의 주인이다. 청소년은 인격체로서 존중받을 권리와 시민으로서 미래를 열어갈 권리를 가진다. 청소년은 스스로 생각하고 선택하며 활동하는 삶의 주체로서 자율과 참여의 기회를 누린다. 청소년은 생명의 가치를 존중하며 정의로운 공동체의 성원으로 책임 있는 삶을 살아간다.

가정 · 학교 · 사회 그리고 국가는 위의 정신에 따라 청소년의 인간다운 삶을 보장하고 청소년 스스로 행복을 가꾸며 살아갈 수 있도록 여건과 환경을 조성한다.

청소년의 권리

1. 청소년은 생존에 필요한 기본적인 영양 · 주거 · 의료 · 교육 등을 보장받아 정신적 · 신체적으로 균형 있게 성장할 권리를 가진다.
1. 청소년은 출신 · 성별 · 종교 · 학력 · 연령 · 지역 등의 차이와 신체적 · 정신적 장애 등을 이유로 차별받지 않을 권리를 가진다.
1. 청소년은 물리적 폭력뿐만 아니라 공포와 억압을 포함하는 정신적인 폭력으로부터 보호받을 권리를 가진다.
1. 청소년은 사적인 삶의 영역을 침해받지 않을 권리를 가진다.
1. 청소년은 자신의 생각과 느낌을 자유롭게 펼칠 권리를 가진다.
1. 청소년은 자유로운 의사에 따라 건전한 모임을 만들고 올바른 신념에 따라 활동할 권리를 가진다.
1. 청소년은 배움을 통해 진리를 추구하고 자아를 실현해 갈 권리를 가진다.
1. 청소년은 일할 권리와 직업을 선택할 권리를 가진다.

1. 청소년은 여가를 누릴 권리를 가진다.
1. 청소년은 건전하고 다양한 문화 · 예술 활동에 자유롭게 참여할 권리를 가진다.
1. 청소년은 다양한 매체를 통하여 자신의 삶에 필요한 정보에 접근할 권리를 가진다.
1. 청소년은 자신의 삶과 관련된 정책결정 과정에 민주적 절차에 따라 참여할 권리를 가진다.

청소년의 책임

1. 청소년은 자신의 삶을 소중히 여기며 자신이 선택한 삶에 책임을 진다.
1. 청소년은 앞 세대가 물려준 지혜를 시대에 맞게 되살려 다음 세대에 물려줄 책임이 있다.
1. 청소년은 가정 · 학교 · 사회 · 국가 · 인류공동체의 성원으로서 자기와 다른 삶의 방식도 존중할 줄 알아야 한다.
1. 청소년은 삶의 터전인 자연을 소중히 여기고 모든 생명들과 더불어 살아간다.
1. 청소년은 통일 시대의 주역으로서 평화롭게 공존하는 방법을 익힌다.
1. 청소년은 남녀평등의 가치를 배우고 이를 모든 생활에서 실천한다.
1. 청소년은 가정에서 책임을 다하며 조화롭고 평등한 가족문화를 만들어 간다.
1. 청소년은 서로에게 정신적 · 신체적 폭력을 행사하지 않는다.
1. 청소년은 장애인을 비롯한 소외받기 쉬운 사람들과 더불어 살아간다.

'제2차 청소년육성5개년계획'과 거의 동시에 작업이 시작되어 1998년 10월 새롭게 개정·선포된 〈청소년헌장〉도 청소년 인권과 참여 및 시민권 보장을 구체적으로 선언하였다. 〈청소년헌장〉 개정 작업이 기록된 문서는 "시대의 변화에 따라 청소년을 '독립된 인격체이자 오늘의 사회구성원으로서' 받아들이는 인식의 전환이 절실" 해졌기에 "청소년이 주체가 되는 새로운 청소년상이 반영된 헌장을 만들기로" 하였다는 목적을 기술한다.

그리고 새로운 〈청소년헌장〉의 이념과 권리 내용은 이후 제·개정된 청소년 관련 법에 주요하게 반영되었다. 우선 2004년 2월 전부개정된 〈청소년기본법〉은 청소년육성의 기본이념으로 청소년의 주체성 및 참여 보장을 명시했다. 또한 청소년의 기본적 인권이 청소년활동·청소년복지·청소년보호 등 청소년육성의 모든 영역에서 존중되어야 한다고 정하여, 같은 날 제정된 〈청소년활동 진흥법〉과 〈청소년복지 지원법〉이 〈청소년기본법〉과 연계될 수 있도록 하였다. 1997년 7월 제정된 〈청소년보호법〉과 2000년 2월 제정된 구〈청소년의 성보호에 관한 법률〉이 상호보완적으로 기능하도록 고려하는 등 청소년 법제의 재정비도 이루어졌다.[9] 다만, 청소년의 자율성과 인권에 기반한 정책 논의가 심화된 성과와 별개로, 〈아동복지법〉에 근거한 정책과의 분절은 공고화되었던 시기라고 평가할 수도 있다.

---

9   김영지(2006). "한국 청소년 인권정책 형성과정 연구". 숙명여자대학교 교육학과 박사학위논문.

한편, 2000년 〈아동복지법〉 전부개정과 1998년 '제2차 청소년육성5개년계획' 및 새로운 〈청소년헌장〉 개정이 발표된 시점은 우리나라가 아동권리협약 이행 제 2차 심의를 앞둔 때였다. 우리나라는 당초 제출 기한이었던 1998년 12월 19일을 약 1년 반 가까이 지난 2005년 5월에 제 2차 국가보고서를 제출했는데, 이때 1993년 〈청소년육성법〉을 전면 대체하는 〈청소년기본법〉 제정, 1998년 '새로운 청소년헌장' 개정, 아동학대 대응을 강화하는 〈아동복지법〉 개정안 발의 등을 보고하였다.[10] 아동권리협약 이행 보고와 맞물려 아동 인권에 대한 사회적 관심이 높아진 연관성을 유추할 수 있다.

또한 우리나라는 제 2차 국가보고서에서 "보건복지부, 외교통상부, 교육부, 법무부 등의 정부부처와 학계, 민간단체 등으로 구성된 아동권리조정위원회를 구성"할 것이고, "제 2차 국가보고서 제출 후에는 국가보고서 내용의 충실을 기하고 민간과의 협력을 강화하기 위하여 아동권리조정위원회를 정기적으로 개최하여 여기서 보고서 내용의 검토 및 조정을 통해 제 3차 국가보고서를 작성해 나갈 계획"이라고 밝혔다.[11] 이에 대하여 아동을 대상으로 하는 모든 정책과 사업을 조정하는 중앙상설기구를 마련하고, 국가보고서와 정부 대표단이 밝혔던 평가기구 설립을 추진하라고 권고한 유엔 아동권리위원회 최종견해도 법 개정의 배경이 되었다.[12] 제 2차 최종견

---

10 대한민국 정부(2000). 〈제 2차 국가보고서〉(CRC/C/70/Add.14), 제 15항, 106항.

11 대한민국 정부(2000). 〈제 2차 국가보고서〉(CRC/C/70/Add.14), 제 31항.

해가 공표된 이듬해 1월에 종합적 아동정책 수립을 위하여 국무총리 소속으로 아동정책조정위원회를 두도록 하는 〈아동복지법〉 일부개정이 이루어진 것이다. 다만, 아동정책조정위원회를 도입하는 〈아동복지법〉 개정은 당시에 전격 재구성되던 〈청소년기본법〉 등과 연계하여 고려되지 않았다.

〈아동복지법〉 전부개정은 2011년 8월에 또 한 번 단행되었는데, 이때 아동정책기본계획과 연도별 시행계획, 아동종합실태조사, 지자체 아동복지심의위원회 등 아동정책의 안정적 추진을 위한 근거와 수행 체계가 구조화되었다. 뿐만 아니라, 2011년 8월 같은 날에는 구 〈입양촉진 및 절차에 관한 특례법〉이 〈입양특례법〉으로 전부개정되었고, 〈장애아동 복지지원법〉도 제정되었다. 구 〈입양촉진 및 절차에 관한 특례법〉에 근거해 한국전쟁 이후 전 세계적으로 유례없이 많은 수의 아동을 해외입양 보냈던 한국 입양 법제는 손쉬운 입양에 방점을 두고 있었다. 과거를 반성하며 법 제명부터 바꾼 〈입양특례법〉은 출신가정과 출신국가 내에서 양육되는 것이 최선의 아동보호라는 원칙 아래, 입양 절차가 아동의 복리를 중심으로 이루어질 수 있도록 국가의 관리·감독을 강화하였다. 〈장애아동 복지지원법〉은 장애아동에 대한 복지정책이 저소득층 장애아동에 대한 선별적 복지 성격이 강하고, 대다수 복지정책이

---

12 UN CRC(2003). *Concluding observations: Republic of Korea*(CRC/C/15/ Add.197), paras. 15~16.

성인기 장애인을 중심으로 수립되는 결과, 장애아동과 그 가족에 대한 종합적 지원이 제공되지 않는 실태를 제정 이유로 한다. 〈아동복지법〉과 마찬가지로 아동 최상의 이익을 기본이념에 규정하면서, 〈아동복지법〉과 달리 장애아동 의견청취권을 명시하였고,[13] 장애아동의 권리를 별도의 조문으로 두었다.

참고로 2009년 5월에 한국이 〈아동권리협약 이행 제3·4차 국가보고서〉를 제출한 이후, 2011년 3월에 채택된 쟁점목록에 대한 답변서는 2011년 7~8월에 제출하였고,[14] 본심의는 2011년 9월에 개최되었다. 아동권리협약 이행 보고와 심의가 아동복지 법령 패러다임 변화에 미친 상당한 영향을 엿볼 수 있다.

2014년 1월에는 〈아동학대범죄의 처벌 등에 관한 특례법〉이 제정되면서 〈아동복지법〉의 학대 관련 조문이 정비되었고, 2016년 3월에는 아동의 가정환경 보호에 대한 원칙이 국가와 지방자치단체 책무로 명시되는 것과 더불어 아동정책영향평가가 도입되었다. 또한, 2019년 1월에는 아동권리보장원을 설립해 보호대상아동을

---

13 2024년 12월 현재까지도 〈아동복지법〉에 아동의 참여와 의견존중은 기본이념에 규정되어 있지 않다. 유엔 아동권리위원회는 2011년 제3·4차 심의와 2019년 제5·6차 심의에 따른 최종견해에서 "〈아동복지법〉이 아동에게 영향을 미치는 모든 사안과 관련하여 자신의 견해를 자유롭게 표현할 아동의 권리를 규정하도록 보장할 것"을 반복하여 권고하였다.
14 전해진 이야기에 따르면, 제3·4차 국가보고서는 2009년 5월 28일에 제출되었으나, 유엔에서 문서 확인이 누락된 사정으로 2011년 1월 12일에 이르러 공표되었고, 쟁점목록 채택도 그만큼 늦어졌다고 한다.

위한 아동복지서비스 통합 수행을 도모하였다. 그에 따라 각각의 재단법인이나 공공기관에서 맡아온 중앙입양원·실종아동전문기관·드림스타트사업지원단·아동자립지원단 업무가 2019년 7월 아동권리보장원으로 통합되었다. 이어, 2020년 1월에는 민간 위탁으로 운영되었던 중앙아동보호전문기관·중앙가정위탁지원센터·지역아동센터중앙지원단·디딤씨앗사업지원단 업무가 합쳐졌다. 특히 2019년 5월 전격 발표되었던 '포용국가 아동정책'은 2019년 9월을 예정한 한국의 아동권리협약 이행 제5·6차 심의에 대응해 준비되었다 볼 수 있는데, '포용국가 아동정책'에 언급된 상당수 과제가 쟁점목록 답변서(2019년 8월 제출)와 본심의 질의응답에 쓰였기 때문이다.

'포용국가 아동정책'을 기점으로 2020년부터는 아동보호의 공공성 강화가 본격적으로 추진되었다. 지자체의 아동학대전담공무원이 아동학대 조사 업무를 수행하고 피해아동보호계획을 수립하도록 하는 등 아동학대 조사체계가 공공을 중심으로 개편되었다. 또한, 지자체 아동복지심의위원회 소속으로 사례결정위원회를 구성해 아동 최상의 이익에 부합하는 방향으로 아동의 보호조치가 논의될 수 있도록 하였다. 보호대상아동 발생부터 가정 복귀 등 보호 종료 후 사후 관리까지 전 과정을 모니터링하는 아동보호전담요원이 전국의 시·군·구에 배치되기 시작하였다.

제5·6차 쟁점목록 답변서

113. 정부는 2019년 5월에 국가의 보호가 필수적인 아동에 대한 국가책임을 확대하고, 아동을 훈육·양육의 대상이 아닌 권리의 주체로 인식하도록 사회적 분위기를 제고하기 위하여 보호, 인권·참여, 건강, 놀이를 4대 핵심주제로 한 '포용국가 아동정책'을 발표하였다. 보호가 필요한 아동에 대한 공적 책임 강화, 아동 권리 보장 및 안전한 돌봄 체계 구축, 생애 초기부터 관리하는 아동 건강, 아동의 창의성·사회성 계발을 위한 놀이 혁신 등 아동이 현재와 미래의 행복을 모두 누릴 수 있도록 아동에 대한 국가적 차원의 책임을 확대할 예정이다.[15]

본심의 보건복지부 차관(대표단 단장) 발언

2019년 5월 정부는 포용국가아동정책(Policies for Children Toward Building an Inclusive Society)을 발표했습니다. 4대 핵심 주제는 보호, 인권 및 참여, 건강, 놀이였습니다. 이러한 정책의 목표는 요보호 아동에 대한 국가 책임을 확대하고 아동을 권리의 주체로 인식하도록 사회적 분위기를 제고하는 데에 있습니다. 이에 따라 정부는 지방자치단체 아동 보호 전담 인력(아동보호전담요원)을 순차적으로 보강해 나갈 계획입니다. 2020년 하반기부터 보강해 나갈 계획인데, 이에 따라 지방자치단체 책임하에 요보호 아동, 즉 학대, 빈곤, 유기 등으로 인해 발생하는 모든 요보호 아동에 대한 보호 결정과 관리, 그리고 원가정 복귀의 전 과정을 지자체 책임하에 시행하게 되었습니다.[16]

---

15 대한민국 정부(2019). 〈제5·6차 유엔아동권리협약 국가보고서 쟁점목록에 대한 답변서〉(CRC/C/KOR/Q/5~6/Add.1), 113항.
16 본심의 현장 발언은 UN Web TV에서 확인할 수 있다.

입양의 경우, 이전까지는 민간 입양기관에서 입양 동의 전 상담을 제공하였는데, 2020년 12월 개정된 〈아동복지법〉 제15조 제3항에 근거해 2021년 6월 30일부터는 시·군·구 아동보호전담요원이 친생부모에 대한 초기 상담을 하도록 하여 가정외보호에 대한 상담 창구가 일원화되었다. 아동보호 컨트롤타워 역할을 지자체에 부여하였을 뿐 아니라, 아동에 대한 의사결정의 권한 및 자원투입 방향을 한정된 자원을 가진 개별시설에서 지역사회로 확대하는 큰 폭의 변화가 촉진된 시기였다.[17]

이같이 아동인권 원칙을 명문화하면서 아동정책 수립과 추진체계를 구축한 일련의 과정은 아동권리협약 이행의 구조적 틀을 만드는 작업에 해당한다. 아동정책조정위원회 구성, 아동정책기본계획과 연도별 시행계획 수립, 아동권리보장원 설립 및 운영, 아동종합실태조사 실시, 아동정책영향평가 법제화, 아동복지심의위원회와 사례결정위원회 구성 등으로 중앙에서 지방정부로 연계되는 아동정책 추진 근거가 체계화되었다.

대부분의 아동복지사업이 지방이양인 국내 여건에서, 지자체 재정자립도 문제와 인구 및 사회문화적 특성(저출생과 고령화, 농어촌 지역의 기반시설 등)은 아동복지 달성 수준에 차이를 발생시킬 수 있다. 따라서 지역 간 격차를 보완할 수 있으려면 중앙과 지방정부를 오가는 정책 연계와 조정이 필수적이다. 언제, 어느 지역에서 나고 자라

---

17 복건복지부(2024). 〈2024 아동보호서비스 업무 매뉴얼〉, 3~4쪽.

건, 아동이 살아가는 그곳이 아동인권을 충실히 보장할 수 있도록 그 지역의 역할과 중앙의 협력이 실천될 필요가 있는 것이다. 즉, 지방분권에 따른 책무는 개별 지자체에만 주어진 무게가 아니라, 지역주민의 필요와 욕구를 더 큰 의무이행자에게 전달하는 동반자이자 중개자의 책임이기도 하다. 아동은 온 마을이 함께 키우는 것이고, 마을은 아동을 둘러싼 온 세상이기 때문이다.

물론, 큰 틀에서 〈아동복지법〉에 따른 아동정책 체계가 최적이라고 보기에는 한계가 있다. 역사적 흐름에서 아동복지제도는 청소년 관련 법에 따른 정책과 분리되어 호명되었고, 현재까지도 아동복지정책의 상당 부분은 보호대상아동과 지원대상아동에 주안점을 두고 있다. 그래도 아동권리협약 이행의 관점에서 〈아동복지법〉이 보완되면서 관련된 다양한 법령이 제·개정되었으며, 아동을 직접 대상으로 하지 않는 법에도 아동의 존재가 가시화된 상당한 성과가 있었다.

추가로 예를 들면, 2021년 5월에는 국가와 지방자치단체가 여가활동 증진을 지원해야 할 사회적 약자 범위를 "장애인, 노인, 저소득층 및 다문화가정 등"으로 규정하던 〈국민여가활성화기본법〉 제14조에 "아동(18세 미만인 사람을 말한다)이 과도한 학습 부담에서 벗어나 적절한 여가를 보장받을 수 있도록 필요한 시책을 강구하여야 한다"는 내용이 추가되었다. 2023년 3월 개정된 〈기후위기 대응을 위한 탄소중립·녹색성장 기본법〉은 2050 탄소중립녹색성장위원회 및 2050 지방탄소중립녹색성장위원회의 위원 위촉 시에 다양한 사회계층 대표성이 반영될 수 있도록 법적 근거를 마련하였는데, 이때 아동을 명시하면서 청년, 여성, 노동자, 농어민, 중소상공인, 시민사회단체 등을 열거하였다(제15조 제5항). 아동권리협약과 〈아동복지법〉 및 기타 법령이 상호보완적 기능을 하면서 아동정책의 깊이를 더할 수 있는 밑바탕을 마련한 것이다.

특별히 아동보호 공공성 강화의 기조에서 기초지자체에 조직된 '아동보호팀' 또는 '아동친화팀'과 같은 존재는 각각의 아동정책을 연결하는 기반을 다진 것으로 평가할 수 있다. 아동보호의 사례 판단을 위해 다부문 협의를 실천하고, 아동정책영향평가나 아동정책시행계획을 작성하면서 '복지서비스' 틀을 넘어선 정책도 살피게 되었다.

향후 아동권리협약 이행에 초점을 둔 아동기본법안 제정, 아동과 청소년 정책 통합 또는 실효적 연계, 보편적 복지 실재화 등의 과제는 더욱이 아동권리협약을 의식하면서 정책적 변모가 도모되지 않을까? 두 차례의 세계대전을 치르고 여전히 분쟁이 계속되는 현대사회에서 언제나 전진만을 기대할 순 없겠지만, 지나온 역사는 아동인권을 고려한 아동정책 수립에 길잡이가 되어 줄 것이다. 앞의 정책들을 통시적으로 이해할 때, 현재를 감각하는 인권 인식은 결코 무뎌질 수 없을 테니 말이다.

아동권리협약 이행 보고 절차

아동권리협약을 비준한 당사국은 유엔 아동권리위원회에 정기적으로 협약 이행을 보고할 의무가 있으며, 이에 첫 번째 국가보고서(State party's report)는 협약이 발효된 때부터 2년 이내에, 이후로는 5년을 주기로 제출한다(아동권리협약 제44조 제1항). 국가보고서는 이전 권고에 따른 후속 조치와 진전 상황, 한계와 어려움, 이행되지 않은 경우에는 그 이유와 향후 계획 등을 구체적으로 담아야 한다. 또한, 아동권리협약 선택의정서를 비준한 당사국은 최초 보고서만 별도로 작성하고, 이후부터는 아동권리협약 이행 국가보고서에 선택의정서 이행에 대한 정보도 포함해서 보고해야 한다(〈아동의 무력충돌 참여에 관한 아동권리협약 선택의정서〉 제8조, 〈아동의 매매·성매매 및 아동 음란물에 관한 아동권리협약 선택의정서〉 제12조).

유엔 아동권리위원회는 매년 1~2월, 5~6월, 9~10월, 세 차례 스위스 제네바에 모여 당사국의 협약 이행을 심의한다. 조약기구 중 가장 많은 당사국을 모니터링해야 하는 유엔 아동권리위원회는 각국의 국가보고서 제출 지연과 심의 적체 등에 대응해 통합보고서 제출을 권장하기도 했는데, 한국도 3번째(제3·4차 국가보고서)와 4번째(제5·6차 국가보고서) 심의에 통합보고서를 작성하였다.

일련의 보고 절차(reporting process)는 당사국의 국가보고서 작성에서 시작된다. 국가보고서가 제출되면, 약 6개월에서 2년 사이에 아동을 비롯해 NGO나 시민사회단체, 국가인권기구 등 비국가 행위자 단위(개인도 가능)가 작성하는 대안 보고서(alternative report 또는 NGO's report, CSO's report, 아동이 작성하는 경우 children's report) 제출 기한이 정해진다. 대안 보고서라고 불리는 이유는 국가보고서를 보완하여 유엔 아동권리위원회가 당사국의 아동권리협약 이행 상황을 객관적으로 진단하도록 돕기 때문이다. 대안 보고서가 기한 내에 제출되면 약 3개월쯤 후에 대안 보고서 작성 주체를 초청하는 비공개 사전심의(pre-session)가 열리고, 사전심의에서 다루어진 내용을 바탕으로 유엔 아동권리위원회가 당사국에 추가 정보를 요청하는 쟁점목록(List of Issues, LoI)이 채택된다.

국가보고서 작성 이후 적어도 1년 이상의 시간이 흐른 때인 만큼, 대다수 당사국이 최신의 정보를 담아 답변서(Reply to LoI)를 제출하고, 보통 3개월 뒤에 열리는 본심의에 앞서 NGO 등에서도 추가 의견서를 제출할 수 있다. 본심의는 이틀에 걸쳐 진행되며, 당사국은 회기 말미에 채택된 최종견해에 기초하여 다음 보고 시점까지 후속 조치의 의무를 이행해야 한다.

다만, 위와 같은 전통적 보고 절차(traditional reporting process)는 현재 약식 보고 절차(simplified reporting process)로 전환되는 중이다. 통합보고서가 활용되었던 것과 같은 맥락에서 당사국의 보고서 제출에 의존하는 결과 심의가 연쇄적으로 지연되는 문제가 컸고, 조약기구의 기능을 효율적으로 강화하기 위한 방안이 논의된 결과이다. 약식 보고 절차에서는 NGO나 국가인권기구의 역할이 선행되어야 한다. NGO 등은 유엔 아동권리위원회가 보고 전 쟁점목록(List of Issues Prior to Reporting, LoIPR)을 작성할 수 있도록 약 3개월 전까지 의견서를 제출하고(본심의까지 약 22개월 전), 유엔 아동권리위원회는 이를 바탕으로 보고 전 쟁점목록을 채택하여 당사국의 답변서 작성을 요청한다(본심의까지 약 18개월 전). 당사국은 보고 전 쟁점목록에 대한 답변서를 약 1년 뒤까지 제출하게 되는데(본심의까지 약 6개월 전), 이 답변서가 기존의 국가보고서로 기능하는 셈이다. 당사국 답변서가 제출된 뒤에, NGO 등은 사전심의가 예정된 약 1달 전까지 추가 의견서를 제출할 수 있고(본심의까지 약 4개월 전), 사전심의 후 약 3개월 뒤에 본심의가 개최된다.

유엔 아동권리위원회는 2022년에 약식 보고 절차를 표준 절차로 결정하면서, 검토 주기를 8년으로 조정하고, 일부 영역에서 4년의 중간 주기 점검을 시행하겠다고 밝혔다. 또한, 2023년 2월에는 2023년 9월 30일까지 아동권리협약을 비준한 당사국이 전통적 보고 절차를 유지하겠다는 의사를 표명하지 않는 한 2024년 1월 1일부터 약식 보고 절차가 기본적으로 적용된다고 결정하였다. 우리나라는 선택적 배제(opt-out)을 선언하지 않음으로써 약식 보고 절차를 따르게 되었고, 이에 2024년 12월 19일로 요청된 제7차 국가보고서 제출 기한은 조정될 예정이다.

출처: https://www.ohchr.org/en/treaty-bodies/crc

표 2-2 한국의 아동권리협약 이행 현황

심의	내용	제출기한	제출/회의일	공표일
CRC 제1차 심의	국가보고서	1993.12.19	1994.11.17	1994.11.30
	쟁점목록		1995.11.27	
	본심의	1996.1.18~19		
	최종견해		1996.2.13	1996.02.13
CRC 제2차 심의	국가보고서	1998.12.19	2000.5.1	2002.6.26
	쟁점목록		2002.10.11	
	본심의	2003.1.15		
	최종견해		2003.1.31	2003.3.18
OPAC 제1차 심의	국가보고서	2006.10.24	2007.4.1	2007.7.6
	쟁점목록			2008.2.13
	쟁점목록 답변	2008.3.30	2008.4.23	2008.4.25
	본심의	2008.5.23		
	최종견해		2008.6.6	2008.6.27
OPSC 제1차 심의	국가보고서	2006.10.24	2007.4.1	2007.11.1
	쟁점목록			2008.2.13
	쟁점목록 답변	2008.3.30	2008.4.23	2008.4.25
	본심의	2008.5.23		
	최종견해		2008.6.6	2008.7.2
CRC 제3·4차 심의	국가보고서	2008.12.19	2009.5.28	2011.1.12
	쟁점목록			2011.3.14
	쟁점목록 답변	2011.7.3		2011.8.16
	본심의	2011.9.21		
	최종견해		2011.10.7	2012.2.2
CRC 제5·6차 심의	국가보고서	2017.6.19	2017.12.27	2018.11.19
	쟁점목록		2018.2.19	2019.3.6
	쟁점목록 답변	2019.5.14	2019.8.9	
	본심의	2019.9.18~19		
	최종견해		2018.9.27	2019.10.24

그림 2-1 전통적 보고 절차

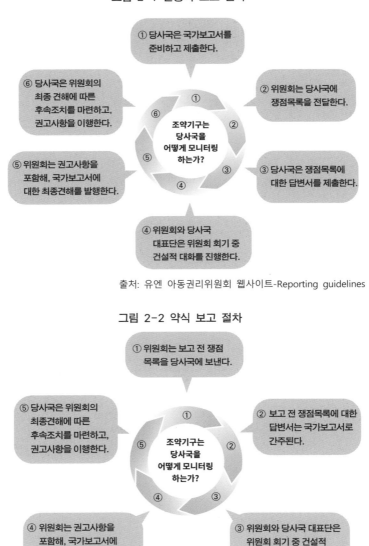

① 당사국은 국가보고서를 준비하고 제출한다.

② 위원회는 당사국에 쟁점목록을 전달한다.

③ 당사국은 쟁점목록에 대한 답변서를 제출한다.

④ 위원회와 당사국 대표단은 위원회 회기 중 건설적 대화를 진행한다.

⑤ 위원회는 권고사항을 포함해, 국가보고서에 대한 최종견해를 발행한다.

⑥ 당사국은 위원회의 최종 견해에 따른 후속조치를 마련하고, 권고사항을 이행한다.

조약기구는 당사국을 어떻게 모니터링 하는가?

출처: 유엔 아동권리위원회 웹사이트-Reporting guidelines

그림 2-2 약식 보고 절차

① 위원회는 보고 전 쟁점 목록을 당사국에 보낸다.

② 보고 전 쟁점목록에 대한 답변서는 국가보고서로 간주된다.

③ 위원회와 당사국 대표단은 위원회 회기 중 건설적 대화를 진행한다.

④ 위원회는 권고사항을 포함해, 국가보고서에 대한 최종견해를 발행한다.

⑤ 당사국은 위원회의 최종견해에 따른 후속조치를 마련하고, 권고사항을 이행한다.

조약기구는 당사국을 어떻게 모니터링 하는가?

출처: 유엔 아동권리위원회 웹사이트-Reporting guidelines

판례에 나타난 아동인권의 관점

우리 법에 아동인권의 관점이 점차 스며들었듯이, 판례에서도 아동인권의 원칙과 기준들이 적용된 판례들이 꾸준히 늘고 있다.

　처음 아동권리협약이 원용된 판결은 2009년 6월에 있었다. 1991년 11월 협약을 비준한 이후로 20년 가까운 세월이 흐르도록 아동권리협약이 재판규범으로 다뤄지지 않은 것이니, 사법부는 물론 국가 전반에서 아동권리협약의 실제적 이행을 위한 노력은 부족했다고 볼 수 있다. 그래도 이후로는 아동권리협약에 대한 법원의 관심과 이해가 조금씩 높아졌다고 평가할 만하다. 유엔에서 채택된 핵심 국제인권조약이 적용된 판결문을 분석한 연구에 따르면, 2009년 6월부터 2019년 3월까지 약 10년간 총 17건 판결에서 아동권리협약이 원용되었고,[18] 2019년 3월 이후로 2023년까지 아동권리협약이 근거로 인용된 판결은 총 14건으로 확인된다.[19] 대다수 판결이 아동학대와 관련된 사건에서 아동권리협약 일반원칙과 4대 기본권을 언급한 것이었지만, 아동의 양육받을 권리, 교육권, 부모와 분리되지 않을 권리 등이 구체적으로 논의되기도 했다. 아동권리협약이 다뤄진 내용을 살펴보면 다음과 같다.

18 　이혜영(2020). 〈법원의 국제인권조약 적용 현황과 과제〉. 경기: 사법정책연구원, 95~96쪽.

19 　민소영 외(2023). 〈제 5·6차 유엔아동권리협약 권고사항 이행상황 분석연구〉. 보건복지부·아동권리보장원, 55쪽.

서울고등법원 2015. 9. 18 선고 2015노1430 판결

서울고등법원 2015노1430 판결 피고인은 공범과 공모하여 필로폰을 밀수입한 후, 두 차례에 걸쳐 필로폰을 투약하고, 매도하기도 한 혐의로 기소되었다. 항소심에서도 원심에서 인정된 사실관계가 그대로 유지되었다. 다만, 항소심 재판부는 피고인이 재판을 받던 중 구속집행정지 상태에서 자녀를 출산하였고, 구속집행정지 기간을 지나 다시 수용되어 생후 약 2개월 남짓인 자녀와 함께 구치소에서 생활하고 있으며, 피고인이 한부모로 자녀를 보호·양육해야 하는 상황을 양형 요소로 고려하여 집행유예를 선고하였다. 아동 최상의 이익과 더불어 부모와 분리되지 않고 가정에서 자라날 아동의 권리가 법원 판단에 영향을 미친 사건이다.

판결문

우리 헌법은 국가가 청소년의 복지향상을 위한 정책을 실시할 의무를 지고(제34조 제4항), 모성의 보호를 위하여 노력하여야 함을 규정하고 있다(제36조 제2항).

아동이 건강하게 출생하여 행복하고 안전하게 자랄 수 있도록 아동의 복지를 보장하는 것을 목적으로 제정된 〈아동복지법〉은, 아동이 완전하고 조화로운 인격발달을 위하여 안정된 가정환경에서 행복하게 자라나야 함을 기본 이념으로 제시하고 있고(제2조 제2항), 국가는 아동권리협약에서 규정한 아동의 권리 및 복지 증진 등을 위하여 필요한 시책을 시행하여야 한다고 규정하고 있다(제4조 제5항).

또한, 우리나라에서 1991년 12월 20일 발효된 아동권리협약(Convention

on the Rights of the Child) 제 3조 제 1항은 법원 등에 의하여 실시되는 아동에 관한 모든 활동에 있어서 아동의 최선의 이익이 최우선적으로 고려되어야 함을 규정하고 있고, 제 9조 제 1항은 사법적 심사의 구속을 받는 관계당국이 적용가능한 법률 및 절차에 따라서 분리가 아동의 최상의 이익을 위하여 필요하다고 결정하는 경우 외에는, 아동이 그의 의사에 반하여 부모로부터 분리되지 아니하도록 보장하여야 함을 규정하고 있으며, 제 4조는 당사국이 위 협약에서 인정된 권리를 실현하기 위하여 모든 적절한 입법적·행정적 및 여타의 조치를 취하여야 하고, 경제적·사회적 및 문화적 권리에 관하여 당사국은 가용자원의 최대한도까지 이러한 조치를 취하여야 한다는 점을 규정하고 있다.

이러한 헌법과 법률 규정, 관련 국제인권규범의 취지에 비추어 볼 때, 이 사건에서 갓 출산한 피고인의 딸이 안정된 가정환경에서 건강하고 행복하게 자랄 권리 및 피고인의 딸이 그와 같은 권리를 누릴 수 있도록 특별히 보호하고 원조하여야 하는 국가의 역할과 의무는 피고인에 대한 형을 정함에 있어 중요한 요소로 고려하여야 한다.

대전고등법원 2016. 11. 24 선고 2016누12149 판결

대전고등법원 2016누12149 판결은 미성년자이면서 외국인인 원고가 보이스피싱 범죄에 연루되면서 강제퇴거명령을 받았고, 이에 강제퇴거명령 취소를 청구한 사건이다. 원심에서는 원고가 패소하였으나, 항소심 재판부는 ① 출입국관리법이 정하는 강제퇴거 사유 중 하나는 '금고 이상의 형'이고, 따라서 '벌금형' 처벌을 받았을 때에 강제퇴거 조항의 적용은 신중해야 하고, ② 원고는 초범이면서 범행기간이 짧고 배후 세력보다 중한 책임을 묻기도 어려울 뿐만 아니라 범행 당시 만 15세 미성년자였던 만큼 반성과 선도의 기회가 부여될 필요가 있으며, ③ 원고에 대한 강제퇴거 처분은 수년간 우리나라에서 삶의 터전을 형성해 온 원고 가족들에게 사실상 출국을 강제하는 셈이 되어 인도주의적 측면에서도 적절치 않으며, ④ 원고 보호자가 자녀 양육에 대한 의지가 강한 점 등을 종합적으로 살폈다. 나아가, 아동권리협약의 제3조 제1항(아동 최상의 이익) 및 제4조(당사국의 일반적 이행 조치 의무), 제9조 제1항(부모와 분리되지 않을 아동의 권리)을 적극 고려하여 원심의 판단이 부당하다고 보았다.

판결문

우리나라에서 1991년 12월 20일 발효된 아동권리협약(Convention on the Rights of the Child) 제3조 제1항은 법원 등에 의하여 실시되는 18세 미만 아동에 관한 모든 활동에 있어서 아동의 최선의 이익이 최우선적으로 고려되어야 함을 규정하고 있고, 제9조 제1항은 사법적 심사의 구속을 받는 관계당국이 적용 가능한 법률 및 절차에 따라서 분리가 아동의 최상의 이익을 위하여 필요하다고 결정하는 경우 외에는, 아동이 그의 의사에 반하여 부모로부터 분리되지 아니하도록 보장하여야 함을 규정하고 있으며, 제4조는 당사국이 위 협약에서 인정된 권리를 실현하기 위하여 모든 적절한 입법적 · 행정적 및 여타의 조치를 취하여야 하고, 경제적 · 사회적 및 문화적 권리에 관하여 당사국은 가용자원의 최대한도까지 이러한 조치를 취하여야 한다는 점을 규정하고 있는바, 우리나라가 위 협약 당사국인 만큼 이 사건 처분의 재량권 일탈 · 남용 여부를 판단함에 있어서는 이 사건 처분으로써 원고를 그의 의사에 반하여 모 B로부터 분리하는 것이 과연 원고의 최상의 이익을 위하여 필요한 결정으로 선뜻 받아들여질 수 있는지, 또는 이 사건 처분만이 위 협약 당사국인 우리나라가 할 수 있는 유일한 조치인지를 반문해 보지 않을 수 없다.

인천지방법원 2017. 8. 11 선고 2016노3342 판결

이 판결은 학원강사인 피고인(여, 31세)이 중학생 학원생인 피해자(남, 13세)와 성관계를 한 성적 학대 사건에 대한 것이다. 피고인은 성관계가 상호간 성적 자기결정권 행사로 이루어졌다며, 원심 판단의 사실관계 오인과 양형부당[20]을 주장하였다.

우선 항소심 재판부는 〈아동복지법〉에 따른 아동복지란 아동이 행복한 삶을 누릴 수 있는 기본적 여건을 조성하고 조화롭게 성장·발전할 수 있도록 하는 경제적·사회적·정서적 차원 지원을 망라하는 개념이라 하였다. 따라서 아동이 신체적·정서적으로 건강하게 성(性)적 정체성 및 성(性)적 자기결정권 형성과 행사 방식을 발견해나가면서 공동체 구성원들과 맺는 상호관계를 이해할 수 있도록 주변 환경과 사회 여건을 조성하는 것도 아동복지에 포함된다고 설명하였다. 이러한 아동복지 취지에 따를 때, 교육자 지위에 있는 피고인이 절대적으로 어린 피고인을 성적으로 학대한 문제는 그 자체로 정당성이 없으며, 피해아동 복지에 심각한 수준의 해로운 영향을 미친 문제가 큰 것이다.

재판에서 피고인은 "우리 사회에서 중학생들 사이에 성관계를 한 경험이 통계적으로 적지 않으므로 피해아동이 중학교 2학년의 나이에 첫 성관계 경험을 한 것이 그의 인생에 큰 해악이 되는 것

---

20 원심의 형량은 징역 8월에 집행유예 2년, 120시간 사회봉사명령이었다.

은 아니라는" 주장도 하였다. 이에 대하여 항소심 재판부는 아동권리협약 제19조(모든 형태의 폭력 및 학대로부터의 보호)와 제34조(성착취로부터의 보호)를 제시하였을 뿐만 아니라, 아동의 사생활 보호(협약 제16조)와 휴식·놀이와 여가의 보장(협약 제31조)은 아동 연령에 적합한 범주에서 해석되어야 한다는 단서도 덧붙였다. 성학대에 대한 처벌은 엄정해야 하며, 성인의 아동에 대한 착취와 폭력은 아동의 이익이 될 수 없다는 단호한 메시지가 드러나는 판결이다.

판결문

성인은 아동에게 무엇인가를 시키고 아동은 성인으로부터 무엇인가를 시킴을 받는 인적 관계에 있어서 그에 따라 성인과 아동 사이에 강하거나 또는 약한 정도의 보호관계가 존재하는 경우에 있어서는, 이러한 신분 내지 지위에 있는 성인이 그러한 인적 관계를 이용하여 아동의 정체성 형성과 인격 발달에 저해되는 방향으로 음란한 행위를 시키거나 성적 수치심을 일으키는 성희롱 등을 하는 것에 그 불법의 핵심적인 본질이 있는 것이지, 이것에 반응하는 피해자 아동의 육체적인 성숙도나 싫지 않은 반응을 보였는지 여부 등의 사정이 범죄의 성립 내지 죄책의 경중에 대하여 의미 있는 장애사유 및 판단기준이 되는 것은 아니다.

   그리고 피고인이 내세우는 위 ㉣항의 중학생들 사이에서 성관계를 경험한 통계수치가 어느 정도 되는지 여부에 대한 언론보도의 상황은 미성년자나 아동이 비슷한 연령의 공동체 구성원들 사이에 행복추구권(헌법 제10조)과 사생활의 자유(헌법 제17조)의 일환으로써 성(性)적 자기결정권을 어떻게 형성하며 영위해 나아가고 있는지에 대한 사회현상을 보여주는 자료가 될 뿐이며, 나아가 ⓐ UN 아동권리협약의 규정(제19조와 제34조는 아동에 대한 성적 착취와 학대로부터의 보호를 규정하고 있고, 한편 제16조와 제31조는 아동의 사생활 자유와 놀이, 오락활동, 문화생활 등에 관하여 규정하고 있는데 그것은 어디 까지나 '자신의 연령에 적합한 범주' 내에서 보장된다는 취지로 규정되어 있다) 및 선진국들의 동향을 살펴보면 아동의 성적 자기결정권을 강조하기보다는 아동에 대한 성적 착취나 학대를 금지하는 방안에 초점을 맞추어 규범적인 논의가 전개되고 있는 점, ⓑ 가령 노르웨이의 경우에는 성행위를 한 아동 간의 연령 차이가 2년 이상이면 자유로운 의사에 의한 것이 아닌 것으로 법률상 의제하는 점 등의 제반 법규범상의 동향에 비추어 보면, 피고인이 내세우는 위와 같은 상황에 터 잡아 연령상의 격차가 18세가 나는 교육자와 아동 사이의 성관계를 정당화하는 구실로 삼을 수는 없다고 할 것이다.

따라서 이러한 제반 인정사실 및 사정에 비추어 볼 때, 피고인이 저지른 이 사건 범죄행위의 죄질은 무척 무거운 경우에 해당한다고 봄이 상당하다.

울산지방법원 2020. 5. 29 선고 2019고합142 판결

이 판결은 자녀 살해 후 자살을 시도한 어머니에 대한 사건이다. 피고인은 경제적 곤궁, 가정불화, 우울증 등으로 신변을 비관하여 거주지 아파트에 번개탄을 피워 놓고 자살을 시도하였고, 그 과정에서 만 두 살을 갓 넘긴 피해 아동을 살해하였다.

우리 사회에서 유독 자녀 살해 후 자살과 같은 비극이 되풀이되는 공통 원인으로는 자녀가 부모에게 종속된 존재라는 그릇된 인식과, 그에 대한 온정적 사회 분위기가 지목된다. 아동의 생명은 아동이 갖는 고유한 권리인데도, "오죽했으면…"이란 반응이 동반자살이라는 용어를 허용케 하였다. 재판부는 자신의 아이를 제 손으로 살해하는 것이 이 범죄의 본질이며, 아이의 입장에서 말한다면 피살이라고 지적한다. 살해 후 자살은 가장 극단적 형태의 아동학대 범죄인 것이다.

한편으로, 재판부는 가해 부모의 범행을 온정적으로 바라볼 수
없더라도, 이를 개인적 문제로만 치부할 수 없는 무거운 책임을 고
백한다. 살해 후 자살(시도)이 중범죄임을 분명히 함과 동시에, 당
신이 아이를 키울 수 없다면 우리가 맡아 키우겠다고, 최소한 당신
이 아이를 스스로 키울 수 있도록 우리도 최선을 다해 돕겠다고,
자신 있게 공표하고 팔을 걷어붙여야 한다고 말했다. 살해 후 자살
(시도)을 온정주의로 바라보는 시각은 부모 없는 아이들, 극도로
궁핍한 아이들, 신체·정신적 장애아동들을 굳건하게 지지해 줄 사
회적 안전망이 없다는 불신과 자각에서 기인한 것이기 때문이다.
피고인 개인의 책임은 매우 무겁지만, 결과에 상응하는 적정한 형
벌을 선고할 수 없는 만큼의 차이가 국가와 사회의 잘못이라고 밝
힌 이 판결문은 협약상 권리들이 촘촘히 연결된 사회안전망을 절
절히 호소하였다.

판결문

우리나라는 1991년 12월 20일부터 아동권리협약(UNCRC: United Nations
Convention on the Rights of the Child)의 당사국이 되었다. 아동은 출생 후
즉시 등록되어야 하며, 출생 시부터 성명권과 국적 취득권을 가지며, 가능한
한 자신의 부모를 알고 부모에 의하여 양육받을 권리를 가진다(위 협약 제7조).
협약 당사국은 법률에 의해 인정되는 아동의 국적, 성명 및 가족관계를 포함하
여 아동의 정체성을 유지할 권리를 존중하여야 하며(위 협약 제8조), 아동이 부
모, 법정후견인 또는 기타 아동양육자의 양육을 받고 있는 동안 모든 형태의

신체적·정신적 폭력, 상해, 학대, 유기, 방임적 대우, 성적 학대를 포함한 혹사나 착취로부터 아동을 보호하기 위하여 모든 적절한 입법적·행정적·사회적·교육적 조치를 취하여야 한다(위 협약 제19조).

위 협약의 근본정신에 기초하여 우리 〈아동복지법〉 역시, "① 아동은 자신 또는 부모의 성별, 연령, 종교, 사회적 신분, 재산, 장애유무, 출생지역, 인종 등에 따른 어떠한 종류의 차별도 받지 아니하고 자라나야 한다(〈아동복지법〉 제2조 제1항). ② 아동은 완전하고 조화로운 인격발달을 위하여 안정된 가정환경에서 행복하게 자라나야 한다(같은 조 제2항). ③ 아동에 관한 모든 활동에 있어서 아동의 이익이 최우선적으로 고려되어야 한다(같은 조 제3항)"고 규정하고 있다.

성별과 국적, 피부색을 떠나 모든 인간이 천부의 인권을 갖듯, 나이 어린 인간 역시 인간으로서의 고유한 권리를 갖는다. 모든 생명은 똑같이 존귀하므로, 나이 어린 사람이 나이 든 사람보다 더 보호받아야 하는 것은 아니다. 그럼에도 아동을 특별히 더 보호하는 이유는, 그들이 스스로 의사를 표현하고 방어할 능력이 없기 때문이다. 생장하는 상당 기간 동안 특별한 보호 없이는 스스로 삶을 영위할 수 없는 어린 인간을 대상으로 한 그 어떤 범죄도 용서받을 수 없는 이유이다.

대법원 2020.6.8 자 2020스575 결정

2020년 대법원 결정은 최초로 아동의 출생등록 될 권리를 헌법상 기본권으로 인정하면서, 미혼부의 출생신고에 관한 〈가족관계의 등록 등에 관한 법률〉(이하 '가족관계등록법') 제57조 제2항(이른바 '사랑이법')이 아동의 출생등록 될 권리 보장에 부합하는 방향으로 해석될 필요를 설시하였다.

2015년 5월 개정된 사랑이법은 "모의 성명·등록기준지 및 주민등록번호를 알 수 없는 경우"에는 부의 등록기준지 또는 주소지를 관할하는 가정법원 확인을 받아 출생신고를 할 수 있다는 내용이다. "모의 인적사항을 알 수 없는 경우에는 가정법원의 확인을 받아 친생부가 출생신고를 할 수 있도록 함으로써 태어나자마자 버려지는 아이들의 생명권이 보장될 수 있도록 하려는 것"이 개정 이유였다. 그러나 일부 법원에서 사랑이법은 '모의 성명·등록기준지 및 주민등록번호' 모두를 모르는 경우만 해당한다고 보거나 관련 서류를 구비할 수 없는 경우에는 적용할 수 없다고 보는 등 여러 한계가 지적되던 중이었다. 이 사건의 신청인 어머니도 일본에서 난민 지위를 인정받아 한국에 입국한 외국인으로서 국적국에서 발급받아야 할 출생신고에 필요한 서류를 갖출 수 없던 상황이었으나, 원심법원은 사랑이법의 적용 대상이 아니라고 보았다.

대법원은 가족관계등록법 제57조 제2항에 기재된 "모의 성명·등록기준지 및 주민등록번호를 알 수 없는 경우"는 예시적인 것이므로, 이 사건과 같이 외국인인 모의 인적 사항은 알지만 자신이 책임질 수 없는 사유로 출생신고에 필요한 서류를 갖출 수 없는 경우 또는 모의 소재불명이나 모가 정당한 사유 없이 출생신고에 필요한 서류 발급에 협조하지 않는 경우 등과 같이 그에 준하는 사정이 있는 때에도 적용된다고 해석하는 것이 옳다고 보았다. 헌법과 함께 아동권리협약 제7조도 판단 근거로 제시하여, 아동권리협약의 규범적 효력을 뒷받침하는 의미도 있다. 2021년 3월에는 해당 대법원 결정 취지를 반영하는 가족관계등록법 개정도 이루어졌다.

출생 당시에 부 또는 모가 대한민국의 국민인 자(子)는 출생과 동시에 대한민국 국적을 취득한다(〈국적법〉 제2조 제1항). 대한민국 국민으로 태어난 아동에 대하여 국가가 출생신고를 받아주지 않거나 그 절차가 복잡하고 시간도 오래 걸려 출생신고를 받아주지 않는 것과 마찬가지 결과가 발생한다면 이는 그 아동으로부터 사회적 신분을 취득할 기회를 박탈함으로써 인간으로서의 존엄과 가치, 행복추구권 및 아동의 인격권을 침해하는 것이다(헌법 제10조). 현대사회에서 개인이 국가가 운영하는 제도를 이용하려면 주민등록과 같은 사회적 신분을 갖추어야 하고, 사회적 신분의 취득은 개인에 대한 출생신고에서부터 시작한다. 대한민국 국민으로 태어난 아동은 태어난 즉시 '출생등록 될 권리'를 가진다. 이러한 권리는 '법 앞에 인간으로 인정받을 권리'로서 모든 기본권 보장의 전제가 되는 기본권이므로 법률로써도 이를 제한하거나 침해할 수 없다(헌법 제37조 제2항).

헌법 제36조 제1항은 "혼인과 가족생활은 개인의 존엄과 양성의 평등을 기초로 성립되고 유지되어야 하며, 국가는 이를 보장한다"라고 천명하고 있다. 혼인과 가족생활에서 개인이 독립적 인격체로서 존중되어야 하고, 혼인과 가족생활을 어떻게 꾸려나갈 것인지에 관한 개인과 가족의 자율적 결정권은 존중되어야 하며, 혼인과 가족관계가 다른 사람의 기본권이나 공공의 이익을 침해하지 않는 한 혼인과 가족생활에 대한 국가기관의 개입은 자제하여야 한다(대법원 2019. 10. 23 선고 2016므2510 전원합의체 판결 참조). 또한 아동권리협약 제7조 제1항은 '아동은 태어난 즉시 출생등록되어야 하며, 출생 시부터 이름을 갖고, 국적을 취득하며, 가능한 한 부모를 알고, 부모에게 양육받을 권리가 있다'고 선언하고 있다. 이러한 가족생활에 관한 개인과 가족의 자율권 및 아동의 권리는 가족생활의 법률관계 및 그 발생·변동사항에 관한 등록을 규정하는 〈민법〉과 가족관계등록법을 해석·적용할 때에도 존중되어야 한다.

인천지방법원 2024.3.27 선고 2023고단6285 판결

이 사건 피고인은 재판상 이혼을 하면서 두 자녀에 대한 양육비 지급 의무가 있는 사람이다. 그러나 피고인은 한 번도 양육비를 지급하지 않았고, 이혼 후 약 7년이 지났을 무렵 법원의 감치명령을 받고도 정당한 사유 없이 1년 이내에 양육비 채무를 이행하지 않았다.

재판부는 비양육자인 부모가 부담하는 미성년 자녀에 관한 양육비 채무는 그 미성년 자녀의 건전한 성장과 복지를 보장하기 위해 마련된 최소한의 보호수단이므로, 피고인이 약 10년간 양육비를 지급하지 않은 것은 미성년 자녀들에게 상당한 경제적·정신적 피해를 초래해 엄중한 처벌이 필요하다고 보았다. 또한 감치재판의 심문기일이 지정되었을 때 한 차례 양육비 500만 원을 지급한 것에 비추어 양육비 지급 책임을 고의적으로 회피한 불법성과 비난가능성도 크다고 보아, 피고인에게 징역형의 실형을 선고하였다. 그 판단에는 2021년 개정된 〈양육비 이행확보 및 지원에 관한 법률〉 제27조 제2항과 더불어 아동권리협약 제27조가 근거로 고려되었다.

고의적으로 양육비를 지급하지 않는 양육비 채무자를 형사처벌함으로써, 양육비 이행의 실효성을 제고하기 위하여 2021년 1월경 〈양육비 이행확보 및 지원에 관한 법률〉 제27조 제2항이 개정되었는바, 이는 오늘날 자녀 양육 과정에서 상당한 경제적 어려움을 겪고 있는 한부모 가정의 현실을 반영해 양육비의 원활한 이행을 확보할 수 있도록 형사처벌이라는 강력한 제재수단을 마련하고, 궁극적으로는 미성년 자녀의 안전한 양육 환경을 조성한다는 입법 목적을 달성하기 위한 것이다. 또한 우리나라가 가입하여 비준한 유엔의 아동권리협약(Convention on the Rights of the Child) 제27조에 의하면, 모든 아동은 신체적, 지적, 정신적, 도덕적 및 사회적 발달에 적합한 생활수준을 누릴 권리를 가지고, 부모 또는 기타 아동에 대하여 책임을 지는 자는 능력과 재산의 범위 내에서 아동 발달에 필요한 생활여건을 제공할 일차적 책임을 져야 하며, 그에 따라 협약 당사국은 부모 또는 기타 아동에 대하여 재정적으로 책임이 있는 자로부터 아동양육비를 확보하기 위한 모든 적절한 조치를 취하여야 한다.

아동정책영향평가²¹

아동정책영향평가의 개념

아동권리접근법에서 요구되는 점검사항들과 아동정책영향평가 지표는 거의 일치한다. 아동권리에 기반한 아동정책을 체계적으로 수립하기 위한 제도화 결과가 아동정책영향평가이기 때문이다.

구체적으로, 아동영향평가는 법안과 계획·사업안 또는 예산안의 정책이 아동권리에 미칠 불이익이나 부정적 측면을 최소화할 수 있도록 예측하려는 제도이다. 대다수 의사결정 권한자가 성인이며, 사회적 의견도 성인을 중심으로 구성될 여지가 높다는 인식 아래, 성인이 아닌 아동의 관점에서 해당 정책이 적절한 것인지 부당하지는 않은지 한 번 더 점검할 필요가 있다는 것이다. 영향을 진단한 후에도 실제 정책 집행 과정에서는 예기치 못한 결과가 있을 수 있다. 따라서 일정 시기 이후로 다시금 영향을 평가하는 계획에 근거해 정책을 보완하는 것도 아동영향평가 개념에 포함된다.

---

21 아동정책영향평가에 관한 이하 내용은 매년 아동권리보장원에서 발간하는《아동정책영향평가 매뉴얼》에 기초하여 정리한 것이다. 아동정책영향평가 제도 수행과 함께 누적된 아동정책영향평가 자체평가 종합분석 연구, 전문평가 연구 등을 참고하였다.

아동권리협약과 아동영향평가

아동권리협약 제3조 제1항
공공·민간 사회복지기관, 법원, 행정당국, 입법기관 등은 아동에 관한 모든 활동에 있어, 아동 최선의 이익을 최우선적으로 고려해야 한다.

일반논평 제5호(2003) '아동권리 이행을 위한 일반이행조치'
아동에 관한 모든 행위에 있어 아동 최선의 이익을 최우선으로 고려할 것을 보장해야 한다(제3조 제1항)는 협약의 모든 규정이 입법 및 정책 개발과 정부의 모든 수준의 이행에서 존중될 것을 보장하는 것은 아동영향진단(아동과 그들의 권리 향유에 영향을 주는 모든 제안된 입법, 정책 또는 예산 할당의 영향을 예측하는 것, assessment) 및 아동영향평가(이행의 실질적인 영향을 평가하는 것, evaluation)의 지속적인 과정을 필요로 한다. 이 과정은 정부의 모든 수준에서, 정책 개발의 가능한 조기에 구축되어야 한다(45항).

일반논평 제14호(2013) '자신의 최선의 이익을 제1의 고려사항으로 할 아동의 권리'(제3조 제1항)
모든 이행조치의 채택은 또한 아동의 최선의 이익을 최우선으로 고려할 수 있는 절차에 따라 이루어져야 한다. 아동권리 영향평가(CRIA)는 아동 및 아동의 권리 향유에 영향을 미치는 모든 정책안, 법안, 규칙 초안, 예산안 또는 여타 행정결정 초안에 따른 영향을 예측할 수 있으며, 해당 조치가 아동권리에 미치는 영향에 대한 지속적 모니터링과 평가를 보완해야 한다. 아동권리를 위한 굿 거버넌스를 보장할 수 있도록 가능하면 정책 및 여타 일반조치를 수립하는 초기 단계에서 모든 차원의 정부 활동과정에 CRIA가 포함되어야 한다. CRIA 실행에 있어 다양한 방법과 관행이 개발될 수 있다. 그러한 방법과 관행은 적어도 협약과 선택의정서를 기본적인 틀로 이용하며, CRIA를 통해 일반원칙을 강화하고, 검토 중인 조치가 아동에게 미치는 차별화된 영향을 특별히 고려할 수 있도록 해야 한다. CRIA 자체는 아동, 시민사회와 전문가, 관련 정부 부서, 자국 또는 다른 곳에서의 학문적 연구와 경험 등으로부터 얻어지는 정보에 기초할 수 있다. CRIA는 수정, 대안 또는 개선을 위한 권고로 이어지고, 또한 대중에 공개되어야 한다(99항).

아동영향평가 국내 도입 경과

- 제1차 아동정책기본계획(2015~2019)에서 아동 최선의 이익 실현을 위한 기반으로, 아동정책영향평가 도입을 추진과제로 제시
- 2016년 3월 〈아동복지법〉 제11조의2를 신설해 국가와 지방자치단체가 아동 관련 정책이 아동복지에 미치는 영향을 분석·평가하고, 그 결과를 아동 관련 정책의 수립·시행에 반영하도록 하여 아동정책영향평가 도입의 법적 근거 마련
- 2019년 5월 관계부처 합동으로 발표된 '포용국가 아동정책'에 아동정책영향평가 도입·시행을 명시
- 2019년 7월 〈아동복지법 시행령〉 개정으로 아동정책영향평가 시행을 위한 평가 대상, 방법 및 절차 등에 대한 세부사항 규정
- 2019년 1차 시범운영(자체평가 4개 지방자치단체에서 6건, 전문평가 3개 과제), 2020년 2차 시범운영(자체평가 8개 지방자치단체에서 12건, 전문평가 2개 과제)
- 2021년부터 아동정책영향평가 온라인 플랫폼 GCIM(지킴) 시스템 구축 및 본 사업 운영

국내에서는 2011년 〈아동권리협약 이행 제3·4차 최종견해〉에서 '영향평가' 실시가 권고된 이후, 2016년 〈아동복지법〉에 아동정책영향평가의 근거가 마련되었고(〈제11조의2〉), 2019년에 아동정책영향평가 첫 시범운영을 실시하였다. 온라인 플랫폼 시스템이 구축된 2021년부터 본 사업이 추진되는 중이다.

아동정책의 경계가 없듯, 아동정책영향평가 평가대상 정책도 제한이 없다. 아동은 지역사회 어디에서건 살아가고, 사회에서 발생하는 모든 일들은 아동에게도 크고 작은 영향을 미친다. 대중교통

파업이 등·하교에 지장이 될 수 있고, 화장품 안전 기준이 아동의 피부 건강과 내분비계를 교란할 수 있으며, 공사 현장 먼지가 아동에게 호흡기 질환을 유발할 수 있듯이 말이다. 만 18세에 이르기까지 연속적 삶을 살아가는 아동의 권리 보장을 목적으로, 정책이 아동에게 미치는 영향을 사전에 점검하고 개선하고자 하는 절차적 제도는 국가의 포괄적 책무로 수행되는 것이다.

아동정책영향평가의 방법

아동정책영향평가는 자체평가와 전문평가 두 종류가 있다. 자체평가는 지방자치단체 정책 담당자가 스스로 평가항목(표준화된 평가도구)에 응답하면서 자가 점검을 실시하는 형태다. 아동정책영향평가 업무를 위탁받은 아동권리보장원의 자문위원회가 검토의견을 제시하여, 자체평가의 질적 수준을 담보한다. 전문평가는 아동과 직간접적으로 관련된 모든 정책(법령, 계획, 사업 등) 중에서 중앙행정기관 및 지방자치단체가 요청하거나, 보건복지부 장관이 지정하거나, 자문위원회에서 제안한 정책을 대상으로 한다. 대개 전문 연구기관이 수행하며, 보건복지부와 아동권리보장원은 전문평가로 도출된 정책 개선방안을 관계기관에 통보하여 보완할 수 있도록 협의한다.[22]

---

22 법령상 자체평가와 전문평가의 기준은 달리 나타나지 않으나, 아동정책영향평가 매뉴얼은 자체평가 실시 주체를 '지방자치단체 공무원'에 한정한다. 그러나 중앙행정기관 정책은 아동인구 분포와 관련 인프라를 포함한 지역적 특성, 지자체 재정

표 2-3 아동정책영향평가의 대상

자체평가: 지방자치단체 정책	전문평가: 중앙행정기관 정책
지방자치단체 소관 정책의 담당자가 체크리스트 기반으로 대상정책 평가 → 아동권리보장원(자문위원회) 자체평가 검토 → 이행추진 및 이행점검	심층적인 평가가 필요한 정책을 아동권리보장원에서 전문기관 (또는 전문평가단)을 통해서 평가 → 결과 환류

출처: 보건복지부·아동권리보장원(2024). 〈2024 아동정책영향평가 매뉴얼〉, 6쪽.

　　자체평가와 전문평가를 거쳐 도출된 검토의견을 반영하는 것은 다시금 정책 담당부서 몫이다. 지방자치단체는 통보받은 자체평가 검토결과에 대해 '수용', '불수용'의 계획을 1개월 이내에 밝히고, 어떻게 수용할 것인지 반영계획을 수립해야 한다. 수용하지 않을 때는 반드시 '불수용 사유'를 작성해야 한다. 전문평가에 따른 정책개선을 통보받은 중앙행정기관이나 지방자치단체도 개선 대책을 수립해 보건복지부장관에게 제출해야 한다. 이행점검의 책무는 보건복지부 장관에게 있다.

———

자립도 등에 따라 서로 다른 결과를 보일 수 있는 만큼, 더 섬세한 검토가 필요하다.
　　코로나19가 유행하던 초기에 재난지원금은 가구 단위를 기준으로 지급되었는데 이때 탈가정청소년들의 위기는 고려되지 않았다. 무기한 연기되던 개학이 온라인 원격수업으로 전환되었을 때, 아동의 가정환경에 따라 전자기기의 구비, 수업에 참여할 수 있는 여건, 보호자가 조력할 수 있는 여건 등도 사전에 검토되지 않았다. 사회적 거리두기가 강화되고 비대면이 권장되던 시기에, 소년보호시설에 위탁된 아동과 아동복지시설에 거주하던 아동들은 감금과 다름없는 세월을 보냈다. 아직 제도 도입 초기 단계로서 아동정책영향평가 확장성과 실효성을 높이는 것에 주안점을 두고 있는 것으로 보이나, 중앙의 아동정책은 그 범위가 폭넓고 적용·범위가 광범위한 만큼 제도적 개선이 필요한 부분으로 사료된다. 다만, 이 책에서는 현행 제도를 충실히 소개하는 것에 집중하였다.

그림 2-3 아동정책영향평가 자체평가 진행 절차

출처: 보건복지부·아동권리보장원(2024). 〈2024 아동정책영향평가 매뉴얼〉, 8쪽.

그밖에 아동정책영향평가 자체평가의 독특한 절차는 3년을 주기로 하는 환류 체계이다. 아동정책영향평가는 자체평가 작성(1차년도), 자체평가 대상 정책 시행(2차년도), 자체평가 이행점검(3차년도)의 과정으로 전개된다. 자체평가를 통해 개선한 정책의 추진, 그 적절성에 대한 기록을 거쳐 정책의 지속적 보완을 도모한다. 2023년도는 아동정책영향평가 본 사업이 시작된 이후로 첫 번째 이행점검이 이루어진 때였다.

아동정책영향평가의 지표

아동정책영향평가 자체평가서는 아동권리협약 일반원칙을 평가 틀로 한다. 일반원칙의 4개 조항은 아동의 권리 실현에 필수적으로 존중되어야 할 요건이기 때문이다. 전문평가도 일반원칙을 점검하며 수행되어야 함은 마찬가지다. 여기서 아동정책영향평가 지표인 일반원칙의 내용을 간략하게 소개한다. 지표 순서는 자체평가 점검표를 따른 것이다.

비차별

일정한 목적을 두고 정책이 마련되었겠지만(정책의 목적이 대상자의 권리 침해나 박탈일 리는 없으니까), 혹여나 아동에게 부당한 차별이 될 여지는 없을지 검토하는 과정이 필요하다. 여전히 우리 사회에서 아동은 주변부에 있기에, 아동이 정책 주요 대상이 아닌 사안에서 아동에게 미칠 영향력까지 논의되는 경우는 거의 없다. 아동이 대상인 때에도 모든 아동의 존재가 당연히 살펴지지 않는다. 이러한 현실에서 자체평가의 비차별 지표는 대상 정책이 어떤 아동을 배제할 우려는 없는지 한 번 더 들여다보고, 정책이 의도하는 아동 집단에서도 불이익이 예상되는 아동은 없을지 고려하게 한다.

몇 가지 예를 들어, 어떤 정책이 주민등록을 요건으로 할 경우 미등록 이주민이나 외국 국적 아동은 관련 정책을 이용할 수 없을 것이다. 중고등학생은 상당한 시간을 학교에 머무르는데, 학교에 있는 관할 정책을 이용할 수 없다면 이 역시 박탈 경험이다. 만약 정책을 홍보할 때 문자화된 수단만 계획하고 있다면, 언어적 의사소통에 제약이 있는 영유아, 장애인, 이주민 등은 없는 존재가 된다.

생명·생존 및 발달

아동권리협약 제6조는 모든 아동의 생명에 관한 고유 권리를 확인하며, 국가는 아동의 생존과 발달을 최대한 보장할 것을 규정한다. 최대한의 보장은 절대적 수치가 아니며, 발달에 미치는 부정적 요인을 제거하거나 줄일 수 있도록 현재 수준에서 가능한 최선의 노력을 요구하는 개념이다. 최선의 노력은 현재와 미래로 이어지는 단계별 계획도 포함될 수 있을 것이다.

이때의 점검은 계획된 정책 내용뿐만 아니라, 정책을 계획하는 시점부터 시행된 이후의 과정까지 염두에 두어야 한다. 미세먼지 취약계층 지원 정책을 예로 들면, 아동의 건강을 우선순위에 두면서 한정된 자원을 배분하기 위한 전략과 조정이 중요하다. 미세먼지 저감을 위한 기술적 조치가 또 다른 환경적 유해 요인은 아닐지도 검토되어야 한다.

의견 존중 및 참여

아동은 자신에게 영향을 미치는 모든 문제에 있어 견해를 자유롭게 표현하고, 그 견해에 정당한 비중을 부여받을 권리가 있다. 아동권리협약 제12조가 천명한 아동의 의견 청취권은 광범위한 참여의 맥락에서 해석된다. 정책 수립과 시행을 계획할 때도 아동의 의견이 수렴되어야 한다. 그 전제로서 의견을 수렴하고자 하는 정책이 안내되어야 하며, 의견이 어떻게 반영되고 반영되지 않았는지 환류하는 절차가 필요하다. 모든 아동의 보편적 참여를 확보하는 것도 중요하지만, 특히 관계된 아동집단 의견을 수렴하는 것도 요구된다.

아동을 위해 아동의 추정적 의사를 대신 말해줄 수 있는 대리인 의견을 듣는 것도 의견 청취의 한 방안이다. 다만, 모든 대리인이 자신의 이해관계나 가치에 앞서 아동 최선의 이익을 항상 우선시한다고 보기 어려우므로, 아동인권교육이 선제되거나 병행된 정확한 정보 제공도 참여권 실현 요소가 된다. 아동과 대리인의 참여에 따른 환류(피드백)는 참여 수준을 높이는 경로가 될 것이다.

아동 최상의 이익

아동 최선의 이익을 최우선으로 고려하라. 아동 최상의 이익은 아동만을 위하라는 의미는 아니다. 아동이 주변과 어울려 살아가고 자라날 환경을 제공하는 지침과 같다. 또한, 아동 최상의 이익을 평가할 때는 아동의 변화하는 역량을 반드시 고려해야 하므로, 아동 최상의 이익 결정은 돌이킬 수 없는 결정이기보다, 수정이나 조정이 가능해야 한다. 아동은 현재의 시민이면서 긴 시간 미래를 살아갈 존재이고, 아동기의 경험은 장·단기적으로 상당한 영향을 미칠 수 있기 때문이다. 아동 최상의 이익 점검은 의무이행자의 책무를 상기하는 과정이기도 하다. 아동 최상의 이익은 가장 작고 취약한 이들의 삶을 자연스럽게 의식하는 토대로서, 갈등이나 이해관계 충돌에서 '아동'을 가장 우선하는 훈련이 필요하다.

아동정책영향평가는 평가 경험이 차례로 쌓이면서 아동권리의 싹을 틔우고, 나무가 되고, 숲을 이룰 것으로 기대하는 과정이다. 아동정책영향평가가 1회라도 진행되었다면, 예상한 실적(output)과 성과(outcome), 영향(impact)이 나타났는지 확인할 수 있는 기초자료가 만들어진다. 이는 담당자나 후임자가 관행적으로 정책을 추진하기보다, 다르게 운용할 여지는 없는지 살펴볼 기회가 된다. 자체평가에 대한 검토의견에 온 마음으로 공감하기 어렵더라도, 실제 정책을 추진하면서 아동을 만나거나 스치는 각각의 기회에 검토의견을 떠올릴 수도 있지 않을까. 당신의 삶에 직접 관계가 없다고 여겨 미처 생각지 못했던 아동이 이 사회를 살아가고 있음을 깨닫는 것, 찰나의 기분과 감정이 정책과 연결되는 낱낱의 경험을 통해 공공 업무 담당자 관점을 바꿔나가는 것이 영향평가가 가진 힘이다.

어쩌면 '영향'이라는 말이 어렵거나 부담스러울 수도 있겠다. 하지만 그 무게는 정책을 만들고 집행하는 사람이라면 마땅히 지녀야 할 마음가짐이다. 공공이 일정한 권한을 갖고 권력을 행사하는 이유는, 사회질서와 공공의 안전을 위해서이고, 따라서 그 누구도 부당한 상황에 내쳐지지 않도록 주의를 기울여야 한다. 공공 행정 종사자들은 관료제라는 톱니바퀴에 적합한 사람이기 이전에, 사람의 존재를 의식하고 공공의 이익에 우선적 가치를 두는 존재여야 한다고 생각한다.

아동정책영향평가는 그 기본적 역할에 충실할 수 있도록 돕는 체크리스트(점검표)를 제공한다. 점검표를 작성하고, 점검하고, 보완하며, 향후 이행 결과를 확인하는 절차는 다양한 동료가 협업하는 과정이다. 기초지방자치단체 업무에 중앙 행정기관과 민간 전문가가 참여하는 과정이 번거롭기보다는, 머리를 맞대고 협력하는 과정으로 여겨지길 바란다.

3장 　아동인권 옹호를 위한 지방자치단체의 도전

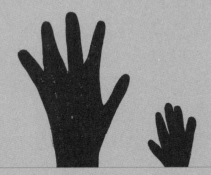

"세상에 아이와 함께하는 것보다 더 신성한 신뢰는 없다.
아동의 권리가 존중되고, 복지가 보호되며,
아동의 삶이 두려움과 욕구로부터 자유롭고,
평화롭게 자랄 수 있도록 보장하는 것보다 더 중요한 의무는 없다."

– 코피 아난(Kofi Annan)

9개의 이야기

이 책을 읽을 독자들의 이해와 실천을 돕기 위해, 다양한 영역에서 전개된 아동정책 사례들을 수집하였다. 2024년 6월부터 7월까지 전국 9개 지방자치단체 아동정책 담당자와 이야기를 나누면서, 희망과 설렘, 고뇌와 망설임도 엿볼 수 있었다. 분명한 것은 정책을 설계한 이들과 여기에 참여하는 지역주민들의 호응으로 나타난 결실이다. 행정의 언어는 아동과 지역사회 구성원들의 삶과 맞물리면서 다양한 방식으로 변모되었고, 초기 기획은 아동의 시간을 응시하는 형태로 발전해 왔다.

아동의 권리는 인권과 그 내용이 같기에, 모든 사람의 모든 삶, 모든 지역의 모든 시간과 관계가 있다. 아동은 세상과 분리된 존재가 아니며, 아동을 둘러싼 세상의 모습과 사람 행위에 직간접적 영향을 받는다. 이에 유엔 아동권리위원회가 아동권리협약 이행 틀로 제시하는 '클러스터(Cluster)'[1]를 고려하면서, 아동권리협약 일반적 조

---

1 클러스터란 유엔 아동권리위원회가 각 국가의 아동권리협약 이행 사항을 효과적으로 모니터링하기 위해, 아동권리협약의 조항들을 일정한 범주로 분류한 기준을 말한다. 한국의 〈제5·6차 아동권리협약 이행 국가보고서〉(2017년 12월 제출)와 유엔 아동권리위원회의 〈제5·6차 최종견해〉(2019년 9월 공표)는 아동권리협약 이행 정기보고서 지침(CRC/C/58/Rev.3)에 따라 총 9개의 클러스터(일반이행조치, 아동의 정의, 일반원칙, 시민적 권리와 자유, 아동에 대한 폭력, 가정환경과 대안양육, 장애·기초보건 및 복지, 교육·여가 및 문화활동, 특별보호조치)로 구성

치(General Measures of Implementation, 이하 '일반이행조치')를 이행하는 아동정책 사례들을 찾았다. 전국의 광역과 기초 지자체를 균형 있게 안배하였음은 물론이다.

클러스터를 첫째 기준으로 살펴본 이유는 아동인권을 전체적으로 조망할 수 있도록 돕기 때문이다. 아동의 시민적·정치적·경제적·사회적·문화적 권리와 관련된 다양한 사례를 찾고, 특별히 취약하거나 소외될 수 있는 아동의 권리를 어떻게 의식하는지 논의하였다. 개별 권리를 다루는 클러스터 중 '보건'과 직접적으로 관련된 정책을 찾아보기 어려운 아쉬움이 있었지만, 나머지 클러스터에 속하는 권리 이행을 두루 살펴보았다.[2]

일반이행조치는 아동권리협약을 비준한 국가가 협약이 명시한 아동의 권리 이행을 위해 취해야 할 기본적 의무에 관한 내용이다.

되어 있으나, 2024년 5월 이후로는 11개(일반이행조치, 일반원칙, 시민적 권리와 자유, 아동에 대한 폭력, 가정환경과 대안양육, 장애, 보건, 생활수준, 아동권리와 환경, 교육·여가 및 문화활동, 특별보호조치)의 클러스터로 재구성되어 검토되고 있다(국제 NGO child rights connect의 홈페이지에 공개된 자료 "UN Committee on the Rights of the Child NEW – Dialogue Structure" 참조). 구체적으로, 아동의 정의는 일반이행조치의 입법적 조치에서 다루고, 장애아동, 보건과 복지(생활수준)를 별개의 클러스터로 구분하며, 그간 일반원칙의 제6조 이행사항으로 고려하던 환경 의제가 새로운 클러스터로 분류되었다(Decision No. 19 on "Implementation of General Comment no. 26" 참조). 2024년 11월 현재까지 정기보고서 지침 개정안이 발표되지는 않았으나, 유엔 아동권리위원회 제96차 회기(2024. 5. 6~24)부터 당사국에 대한 최종견해가 11개 클러스터로 작성되고 있으며, 지침 개정안도 조만간 마련될 것으로 보인다.

2 별도의 클러스터로 분류하지는 않았지만, 대다수 사례가 정책 수립의 직접적 목적을 넘어 아동폭력을 예방하는 결과와 맞닿아 있었던 점도 눈여겨볼 만하다.

아동권리협약

제4조 당사국은 이 협약에서 인정된 권리를 실현하기 위하여 모든 적절한 입법적·행정적 및 여타의 조치를 취하여야 한다. 경제적·사회적 및 문화적 권리에 관하여 당사국은 가용자원의 최대한도까지 그리고 필요한 경우에는 국제협력의 테두리 안에서 이러한 조치를 취하여야 한다.

제42조 당사국은 이 협약의 원칙과 규정을 적절하고 적극적인 수단을 통하여 성인과 아동 모두에게 널리 알릴 의무를 진다.

제44조 6. 당사국은 자국의 활동에 관한 보고서를 자국 내 일반에게 널리 활용 가능하도록 하여야 한다.

여기에는 유보의 검토, 국제인권문서의 비준, 입법적 조치, 권리의 사법심사 가능성, 행정적 및 여타의 조치, 협약 보급과 인식 증진 등이 포함된다.[3] 일반이행조치는 협약 제4조(협약상 권리 이행을 위해 모든 적절한 입법적·행정적 및 여타의 조치를 할 국가의 의무), 제42조(협약의 내용을 아동과 성인들에게 널리 알릴 국가의 의무), 그리고 제44조 6항(아동권리 이행을 광범위하게 보고할 국가의 의무)에 근거하며, 이들 조항은 유기적으로 관련되어 당사국의 이행을 도모한다. 위원회는 국가 관할권 내에서 협약의 완전한 이행을 보장할 의무는 중앙정부와 지방정부 모두의 책임이고, 각 지역의 차별 없는 협약 적용을 보장하기 위한 감독 메커니즘이 설계되어야 한다고 강조하였다. 즉, 일반이행

---

3   유엔 아동권리위원회(2003), "일반논평 제5호: 아동권리협약 이행을 위한 일반조치(제4조, 제42조, 제44조 6항)".

조치는 아동인권 보장의 토대라 할 수 있으며, 이 책 3장에서는 일반 이행조치 결과로서 '아동인권 주류화' 의미를 찾을 수 있는 사례를 소개하고자 하였다. 아동을 중심에 놓고 우선시함으로써, 특정 권리의 보장을 넘어 인권의 실현과 촉진의 가능성을 볼 수 있는 정책들 말이다.

조사 결과, 아동인권 주류화 영향(impact)은 크게 3개로 범주화할 수 있었다. 우선 '아동권리의 인식'은 아동 보호의 노력이 어떻게 공동체 변화와 연결되는지 보여주는 사례들이다. '아동권리의 확산'으로 묶은 정책들은 아동권리 보장이 아동만을 위한 정책이 아니라는 메시지를 분명히 전달한다. '아동권리의 내재화'는 패러다임

표 2-4 아동정책 사례와 주요 내용

지자체/학교	정책	클러스터
서울 강동구청	어린이 전용 식당	가정환경과 대안양육
경기 시흥시청	출생미등록아동 조례와 사업	시민적 권리와 자유, 특별보호조치
경남 진주 반성초등학교	유니세프 아동친화학교	교육, 일반이행조치 (보급, 인식 증진)
부산광역시	아동정책시행계획 우수사례	일반이행조치 (포괄적 전략, 이행 감독)
충청남도청	저출생 대응 정책	생활수준
경북교육청	통합교육 활성화 모델학교	장애
전북 완주군청	아동 옴부즈퍼슨 사무소 운영	일반이행조치 (독립적 인권기구)
서울 성북구청	청소년 참여와 사회안전망	교육, 여가·문화활동
광주 서구청	ESG 가치 반영 아동정책	아동권리와 환경

변화가 가시화된 정책 사례이다. 아동권리협약의 원칙과 규정을 성인과 아동 모두에게 널리 알리고, 원만한 아동정책 수립과 시행을 위해 국가 구조를 조정하라는 일반이행조치 요청들은 아동인권을 이해하고, 수용하며, 내재화되는 과정에 생생하게 작동하고 있었다. 또한, 각각의 사례들은 아동권리협약 일반원칙을 틀로 하여 검토하였다. 앞서 일반원칙이 충실히 고려되는 결과가 아동권리 보장이라고 하였듯, 일반원칙을 적용하는 훈련은 바람직한 방향으로 아동정책을 수립하는 데 도움이 되리라 보았다.

아동인권의 인식

아동인권을 아는 것은 아동인권을 보장하기 위한 출발이다. 아동권리협약은 성인과 아동 모두에게 아동권리협약의 원칙과 규정을 널리 알려야 한다고 강조하였다(제42조). 전통적으로 아동은 부족한 존재, 미숙한 존재, 혹은 배워야 할 존재로 치부되었고, 아동이 성인과 동등한 사회적 지위와 권한을 갖는 존재라는 이해가 부족했다. 아동권리협약이 채택된 이후 30여 년간 상당한 변화는 있었지만, 여전히 아동은 '보호'의 대상에 국한된 시각이 크고, 그 보호 방식이 의식주에 집중된 수준을 넘어섰다고 보기 어렵다. 그만큼 이 세상이 아동과 맺는 관계의 패러다임을 바꾸기 위해서는 아동인권을 제대로 알아야 한다.

　서울 강동구는 가족 지원과 연결된 아동권리를 인식한다. 경기 시흥시는 삶의 보편적 출발이 왜 아동의 권리이며, 인권의 시작인지를 보여 준다. 진주 반성초등학교는 교육과정과 연계해 아동인권의 가치를 실현하였다. 특히 아동인권을 중심으로 학교 구성원의 능동적 참여를 이끌어냈다.

서울 강동구청: 따뜻한 밥 한 끼는 동네의 안전을 지킨다

강동어린이식당은 2021년 11월에 개소하였다. 그간 결식아동에게 도시락이나 급식을 제공하는 민간 사업 모델은 다수 있었지만, 지자체에서 직영으로 운영하는 어린이 전용식당은 강동구가 최초이다.

아동권리협약은 가정이 아동을 잘 양육할 수 있도록 지원할 국가의 책임을 규정한다. 보편적 돌봄 맥락에서 강동어린이식당은 아동권리협약 제18조를 실천하는 좋은 예라 할 수 있다. 따뜻하고 영양가 있는 음식을 제공할 뿐만 아니라, 안전하게 놀이할 수 있고, 일하는 사람들과 오가는 이웃들이 아동의 모습을 들여다볼 수 있는 공간이기도 하다.

아동권리협약

제18조 ① 당사국은 아동의 양육과 발달에 있어 부모 공동 책임의 원칙이 인정될 수 있도록 최선의 노력을 기울여야 한다. 부모 또는 경우에 따라 법정대리인은 아동의 양육과 발달에 일차적 책임을 지며, 아동 최상의 이익에 기본적 관심을 두어야 한다.
② 이 협약에 규정된 권리의 보장과 증진을 위해, 당사국은 부모 및 법정대리인이 아동에 대한 양육 책임을 잘 이행할 수 있도록 적절한 지원을 제공해야 하며 아동 돌봄을 위한 기관, 시설 및 서비스 개발을 보장해야 한다.

비차별: 돌봄의 보편적 접근

강동어린이식당은 정원 규모 30명으로, 6세부터 15세 아동이 이용한다. 모집 기준은 가정의 경제적 상황을 우선순위에 두며, 맞벌이 가구가 후순위이다. 식사 후 보호자가 귀가하는 시간까지, 혹은 학원에 가기 전 머무르는 일정한 시간에 참여할 수 있는 돌봄 프로그램도 운영한다. 연마다 회원으로 등록한 아동이 이용할 수 있지만, 필요한 경우에는 당일에도 긴급 이용 신청을 할 수 있다.

어린이식당에 대한 계획은 2020년부터 시작되었다. 코로나19 팬데믹 2년차였고, 학교 원격수업이 계속되면서 돌봄 공백에 대한 우려가 커지던 때였다. 양육자의 유연근무가 활성화되기도 했지만, 자영업자나 저임금 노동자는 정책의 사각지대에 있었고 실업과 소득 감소 등으로 빈곤 위기가 누적되었다. 팬데믹 당시 다수가 한 공간에서 밥을 먹는 상황이 상당히 부담스러울 수 있음에도, 어린이식당 논의를 계속하고 시행할 수 있던 배경이다.

이용자 연령을 6세부터 15세까지 정한 이유는, 일단 부모님 퇴근이 늦어졌을 때 혼자 밥을 차려 먹기가 어려울 수 있고, 기왕이면 집 가까운 곳에 안전하게 머무를 곳이 있으면 좋지 않을까 생각했어요. 보통 고등학생 정도 되면 단체 활동은 잘 안 하기도 하고요. 초등학생의 경우, 학교 끝나고부터 부모님 퇴근 전까지 그 시간대에 주로 이용할 수 있겠다고. 또, 부모님이 7시에 퇴근하고 집에 와도 그때부터 준비하면 너무 바쁘고, 가족끼리 식사하는 시간도 여유로울 수 없잖아요.

저녁밥이 안정적으로 해결되면 가족들한테도 도움이 되지 않을까 생각한 거죠.

(중략) 저소득 가정 아이들을 1순위로 모집하고, 그 외에 맞벌이 가정 아이들을 2순위로 모집하는데, 1순위에 해당하는 아동이 아주 많지는 않아서 다양하게 이용하는 편이에요. 처음 계획 단계에서 생각했던 비중과 좀 달랐는데, 보편적 돌봄이 필요한 경우가 더 많았다는 생각이 들어요. 맞벌이 가정의 소득 수준은 따로 보지 않는데, 만약 어린이식당 규모 대비 신청자가 너무 많으면 건강보험료 납입액을 보도록 별도 기준을 정해 놓긴 했습니다.

— 강동구 공무원 A

아동 최상의 이익: 돌봄을 함께 하는 동네

어린이식당은 지역 커뮤니티 거점 모델로 첫 논의가 시작되었다고 한다. 아이들의 식사는 물론 교류 공간이면서, 보호자들도 함께 이웃을 만드는 공간으로써 말이다. 돌봄에 대한 국가의 책무는 특정한 기관이나 시설, 서비스를 제공하는 것만이 아니라, 아이를 함께 키울 수 있는 공동체 문화를 형성하는 방식으로도 이행될 수 있다. 알고 지내는 옆집 아이와 옆집 어른이 많으면 유사시에 도움을 구하거나 건넬 수 있고, 또 아동의 위험을 함께 감지하고 대처할 가능성도 높아진다. 공간 마련에 필요한 예산의 제약, 경직된 노동 여건 등은 지역주민의 자발적 커뮤니티 모임이 활성화되기에 한계가 되지만, 일단 공간이 만들어진 지금은 더 나아간 상상도 가능하다. '밥'으로 형상화된 아동을 돌보려는 마음은 동네를 살아가는 모든 아이와 그 가정을 생각게 하는 출발점이었다.

사실 어린이식당의 초기 구상은 지역 커뮤니티의 거점 공간이었던 것 같아요. 민간에서 시도된 다른 사례들을 보면 주민들이 모여서 아이들 식사를 챙겨주고, 부모들이 모이면서 점점 관계 형성이 되고, 그렇게 마을 재생이 되잖아요. (…) 어린이식당 최초 계획을 보면 그런 내용이 있거든요, 부모님들이 와서 쉬면서 차도 마시고 하는 공간을 마련한다는. 그래서 여기 공간 이름이 '커뮤니티실'이에요. 아이들은 저기 '활동실'에서, 여기는 식당, 이렇게 하려고 했지만, 현실은 현실이니까. 추후에는 그렇게 이웃을 만들 수 있는 공간으로 나아가도록 모색해야 하지 않을까 싶습니다.

- 강동구 공무원 A

강동어린이식당은 자치구가 직영으로 운영하는 최초 시도였고, 사회복지서비스 형태도 아니었다. 예산도 상당히 투입되는 만큼, 그 효과성에 대한 의심은 적지 않았던 것으로 확인된다. 다행히 주민들의 호응이 좋았고, 구에서도 아동과 가족 보호, 건강과 교육의 광범위한 분야에서 의미가 있음을 인지하면서, 연속성 있게 운영되는 중이다. 2022년에는 근거가 되는 조례도 개정했다.

다만, 이러한 모델이 확산되려면 기초지자체의 의지를 넘어, 광역지자체와 국가 역할도 요구된다. 물리적 공간과 인력이 확보되고, 그러면서 동네의 사회문화적 특수성을 고려한 '동네방앗간'이 곳곳에 위치하려면 복지서비스 관점을 넘어선 아동정책 개발, 부서·부처 간 연계, 단체장을 비롯한 의사결정권자의 관심이 절대적으로 필요하다. 어린이식당의 경험에 주목하고, 앞으로도 계속 모니터링해야 할 분명한 이유이다.

> 강동구에 2019년에 제정된 〈서울특별시 강동구 초등학생 방과 후 돌봄 지원에 관한 조례〉가 있었거든요. 이 조례가 6~12세 아동이나 초등학생 아동만 대상으로 했는데, 2022년에 〈서울특별시 강동구 온마을돌봄 지원에 관한 조례〉로 전부개정하면서 조례가 적용되는 아동을 18세 미만으로 확대했어요. 돌봄 시설로서 어린이식당의 근거를 마련한 거죠. 이 조례에 근거해서 안정적으로 운영하고 있습니다.
>
> – 강동구 공무원 B

생명 · 생존 및 발달: 또 하나의 사회안전망

어린이식당을 오가는 아이들은 그곳에 있는 친구들, 어른들에게 많은 이야기를 한다. 그 대화에 귀 기울이고, 혹시 아프지는 않은지, 걱정이나 고민은 없는지, 맥락과 목소리에 담긴 감정을 민감하게 살피는 것도 식당을 지키는 이들 역할이다. 소식 없이 식당에 오지 않는 아이가 있다면, 아이에게 무슨 일은 없는지 알아보기도 한다.

> 아이들이 여기 와서 많은 이야기를 하고 가거든요. 여행 가는 거, 외식하는 거, 우리 엄마나 아빠가 뭘 잘한다는 거 등등. 특히 돌봄 선생님이 굉장히 잘 들어주시고, 반응하고 호응해 주시면서, 아이들을 민감하게 지켜봐 주세요. 만약 맨날 오던 아이가 안 오거나 안 오는

날이 많으면 혹시 아이가 아픈지, 무슨 일이 있는지 전화로 확인해 보기도 하고, 항상 같이 다니는 친구였는데 싸워서 같이 안 왔다고 하면 따로 알아보기도 하고요. 또 하나의 사회안전망 기능을 한다고 볼 수 있을 것 같아요.

– 어린이식당 종사자 C

유엔 아동권리위원회는 '돌봄'과 '교육' 서비스 간의 전통적 차이가 항상 아동 최상의 이익이지는 않았다고 지적하였다. 동시에 '교육돌봄(educare)'과 같은 개념은 때때로 포괄적 서비스로의 이동이 필요하다는 신호가 되면서, 영유아기에 대한 전체적이고, 다부문적 접근의 바탕이 되었다고 설명한다. 2023년부터 추진 중인 유보통합 사례도 이분화될 수 없는 아동에 대한 보육과 교육 의미를 시사한다. 어린이식당은 '교육'이나 '돌봄'에 특화된 관점이 아니어도, 동네가 어떻게 아동의 건강과 안전, 발달에 이바지하는지 보여 준다.

실제로 가정에서 식사를 제대로 챙기기 어려운 아동을 대상으로 계획된 어린이식당은 밥을 먹는 것 이상의 의미를 보여줬다. 신뢰할 수 있는 공간에서 이웃의 아이들과 함께 식사하고, 쉬고, 놀이하는 시간은 아동의 인적 관계와 물적 가용성을 넓히면서, 가족의 고단함을 줄여주는 결과이기도 했다. 조금 더 기대해 보자면, 어린이식당을 매개로 학교, 복지시설, 활동시설, 관청이 연결되는 기회일 수도 있지 않을까. 아동학대 신고, 유기나 방임 발굴에 앞서, 아동이 드나들 수 있는 기관의 문턱이 낮아지고, 아동을 들여다보는 주변 눈길이 늘어나는 것이 곧 사회 안전을 높이는 길이라 평가해 본다.

아동 참여와 의견 존중: 아이들과 함께 만드는 공간

어린이식당은 아이들과 함께 만들어가고 있다. 보호자 대상 만족도 조사 외에, 식단 구성, 서적이나 놀잇감 구비, 프로그램 운영 등에 아동의 의견을 반영한다고 밝혔다. 식당 영양사, 조리사, 돌봄 선생님들에게 자유롭게 말할 수 있는 분위기이기도 하고, 프로그램실 한쪽에는 아이들이 바라는 바를 적을 수 있는 공간이 마련되어 있다.

식당 운영 전반에 아동이 참여하고, 그 의견 반영 결과를 전하고 소통하는 참여의 전 단계가 실천된다고 보기에는 어렵긴 하다. 다만, 앞으로 식당 종사자에 대한 아동인권교육, 아동정책영향평가를 통한 운영 체계가 보완되고, 아동의 참여 경험도 누적된다면 어린이식당 정책이 더욱 아동인권에 민감해질 수 있을 것으로 기대된다.

아이들하고는 어떤 메뉴를 좋아하는지, 안 먹고 싶은 것은 무엇인지 알아보고 메뉴를 구성하고요. 또 하고 싶은 프로그램은 무엇인지, 상시 물어보면서 운영계획에 반영하고 있고요. 저쪽 옆에 있는 화이트보드에도 아이들이 언제든 원하는 것을 쓸 수 있도록 공간을 마련해놨고요. 올해는 아이들이 작년에 구입한 책들은 다 봤다며 새 책이 있으면 좋겠다고 하더라고요. 그래서 매달 읽고 싶은 책들을 아이들이 적으면 그 책을 구매하고 있습니다.

- 어린이식당 종사자 C

아동인권교육과 아동권리협약의 보급

아동청소년과에 속한 강동구청 소속 공무원들은 법정 의무교육인 아동학대예방교육을 듣는 것이 업무는 물론 자녀 양육과 같은 일상생활에도 도움이 된다고 하였다. 아동권리협약을 주된 내용으로 하는 아동인권교육 경험은 구체적으로 나타나지 않았지만, 유니세프 아동친화도시 조성 일환으로 추진하는 아동인권 홍보와 교육 사업에 참여했던 기억이 일부 제시되기도 하였다. 반면, 어린이식당에서 일하는 영양사나 조리사 등에 대한 아동인권교육은 없었는데, 현장에서 아동을 직접 대면하는 활동을 하는 만큼 아동인권에 대한 이해와 감수성 증진을 도울 수 있는 제도적 접근도 필요할 것으로 보인다.

> 아동학대 예방은 의무교육이니까 받는데, 아동권리는 … 온라인 형태로 듣는 것 같은데. 들으면 저희도 꽤 도움이 되죠. 처음에는 맨날 똑같은 소리겠지 해도 들을 때마다 그렇구나, 하고 새로 배우는 것도 많고.
>
> - 강동구 공무원 B

> 아동인권교육이 필요하다는 생각은 별로 해 본 적이 없어요. 여기 현장에서 일하는 저희 같은 경우에는 아동인권을 침해하는 행동을 안 해서 그런지 몰라도 ….
>
> - 어린이식당 종사자 C

경기 시흥시청: 출생의 확인은 지자체의 책무를 확장한다

2023년 7월 시흥시에서는 전국 최초로 〈출생 미등록 아동 발굴 및 지원 조례〉(이하 '출생 미등록 아동 조례')가 제정되었다. 시흥시는 아동 인구 비율이 타지역 대비 높고, 미등록 이주아동이 상대적으로 많이 거주하는 지역적 특성이 있다. 이런 여건에서 제안된 조례는 출생미등록 아동을 적극적으로 발굴하여 지원 가능한 교육, 복지, 보건 사업 등을 안내하고 지역 자원을 연계하는 등 공적 조치 근거를 정한다. 어쩌면 미등록 이주아동에 관련된 최초의 실태자료가 만들어질지도 모른다.

아동권리협약은 "특히 (출생미등록으로 인한) 무국적 아동을 포함한 모든 아동의 권리 이행을 보장해야 한다(제7조 제2항)"고 강조했다. 유엔 아동권리위원회는 우리나라에 "모니터링 체계 수립 등 미등록 출생아동 파악을 위해 필요한 모든 조치를 취할 것"을 권고했다. 가족관계등록을 통한 공적 장부의 기록 여부를 넘어, 아동의 존재성을 응시하려는 시흥시의 창의적 시도는 지역사회 변화를 가져왔다.

아동권리협약

제 7조 ① 아동은 태어난 즉시 출생등록되어야 하며, 출생시부터 이름을 갖고, 국적을 취득하며, 가능한 한 부모를 알고, 부모에게 양육받을 권리가 있다.
② 당사국은 국내법 및 이 분야의 관련 국제규범에 따른 의무에 근거하여, 특히 무국적 아동을 포함한 모든 아동의 권리 이행을 보장해야 한다.

비차별: 출생의 확인은 아동보호의 최저선

아동 출생미등록은 다양한 사례에서 발생한다. 부모의 국적국이 아닌 나라에서 태어났고 체류자격이 없게 된 경우도 있지만, 부모의 혼인 문제가 얽혀 출생신고를 할 수 없거나 출생신고까지 기나긴 과정을 거쳐야 하는 경우도 다수 있다. 시흥시 출생 미등록 아동 사업 담당자는 조례 제정을 계기로 다수의 사례를 접하고, 사람들을 만나면서, '아동보호 최저선'을 떠올렸다고 말했다. 국적을 떠나, 한국에서 태어나 자란 이 아이가 안전하게 자랄 수 있어야 하는 것은 사회의 기본적 역할이기 때문이다. 살아있는 누구나 존엄한 삶의 여정을 지원받을 권리가 있고, 아동기에 그 권리를 보장받는 것은 생애 경로에서 절대적 영향을 미친다. 조례에 근거한 지자체 관점은 관계된 기관들의 변화를 파생하였다. 함께 보호해야 할 아이로 인지하며, 이들에게 필요한 지원을 실현하는 매개가 되었다.

대한민국에 태어났는데 출생신고를 하지 못하고 관내에 미등록 아이들이 시흥시에 거주만 하고 있다면 우리가 국적, 나이에 관계없이 18세 미만이 되면 아동 확인증을 주는 사업을 하고 있고 지금까지 22명의 아이들이 발굴이 됐어요.[4] 이 중에 미등록 이주민 가정이 절반이 조금 넘는 숫자이고, 그다음에 내국인 아동 같은 경우에는 혼외 가정, 친생자 관계부존재의 소 이런 것들 때문에 신청하는 경우, 다문화 가정 같은 경우에는 아버지가 갑자기 친생자 파기하는 바람에 들어오는 아이들 ….

(중략) 우리가 미등록 이주민 아이들이 이 동네에, 이 가정에 이런 아이가 있다는 거를 일단 시가 확인하고 주민센터가 내용을 알게 되잖아요. 미등록된 아이가 있다는 걸 알게 되면 관심을 기울이게 되더라고요. (…) 저희가 어린이집에 일일이 전화를 해요. 그러면 어린이집에서도 이 아이가 모르는 미등록 이주민 가정의 아이가 아니라, 시가 주목하는 아이구나 하고 생각한다고 하더라고요.

- 시흥시 공무원 A

국제인권규범이 공통적으로 금지하는 차별 유형이나 형태는 정해져 있지 않다. 누구나 법 앞에 평등하지 못한 대우를 받지 말아야 한다는 원칙은 매 건의 사례에서 점검되어야 한다. 다만, 차별 금지에 따른 권리와 자유의 향유가 모든 경우에 있어 동일한 취급을 의미하는 것은 아니다. 일례로, 1966년 채택된 〈시민적 및 정치적 권리에 관한 국제규약〉도 출생등록, 국적에 대한 아동권리를 명시하였지만, 이것이 출생한 아동에게 당연히 국적을 부여하도록

---

4   인터뷰를 진행한 시점은 2024년 6월 21일이었다.

요구하는 것은 아니었다. 자유권규약위원회는 출생 직후 등록될 아동의 권리 보장과 더불어, 국가는 해당 국가에서건 다른 국가에서건 아동이 국적을 취득하도록 협력할 의무가 있고, 부모의 국적이 그 과정에 차별로 작용해서는 안 된다는 점에 초점이 있다고 설명하였다.[5] 차별이 발생하거나 지속되는 상황을 줄이고 철폐하기 위한 노력도 이 의무에 포함된다.

시흥시가 출생 미등록 아동 중에서도 체류자격이 없는 아동의 존재를 알았을 때, 이들에게 어떠한 지원을 어디까지 제공할 것인지는 계속해서 논의되어야 할 것이다. 현재는 기존 관행을 바꾸고, 경계 끝을 밀어내는 과정이다. 완전한 평등에 이르기까지, 누적된 경험이 사회적 변화를 촉진하기를 기대해 본다.

> 가장 쟁점 사항이 미등록 이주민들에 대한 지원이었거든요. 미등록 이주민들에게 과연 현금성 지원을 할 수 있을까, 내국인 아이들과 동일한 지원을 할 수 있을까가 가장 큰 쟁점 사항이었어요. 쟁점 사항이 있을 때 인권 차원에서 아동복지법의 차원에서 최소한의 지원은 갈 수 있을 것 같다는 다수 의견들이 있으셨어요.
>
> – 시흥시 공무원 A

이 사업을 진행하면서 내부적으로 나오는 얘기가 우리가 미등록 이주민 아이들에게 어디까지 지원을 해줄 것이냐, 등록 외국인과 같이 줄 것

---

5   유엔 자유권규약위원회(1989), "일반논평 제 17호: 제 24조(아동의 권리)".

이냐 아니면 내국인과 같이 줄 것이냐, 어느 선을 정하는 게 사실상 가장 논의가 필요한 부분이에요. 그래서 저희가 2024년 하반기에는 조례도 개정하고, 실무협의체도 구성하고 정책위원회도 구성해서, 많은 분야의 사람들을 모아서 이걸 공론화해서 어디까지 선을 정하는 작업들을 생각하고 있습니다.

– 시흥시 공무원 B

아동 최상의 이익: 공공이 선도하는 변화

아동권리협약 제3조 제1항 아동 최상의 이익은 "공공 또는 민간 사회복지기관, 법원, 행정당국 혹은 입법기구" 행위와 관련되어 있다. 민과 관 모두를 아우르는 조항이지만, 핵심은 권력기관 태도이다. 권한을 가진 이들의 영향력은 필연적으로 아동에게 가닿고, 따라서 아동 최상의 이익이 실천되려면 공공의 변화가 우선되어야 한다고 해석할 수 있다.

시흥시가 출생 미등록 아동 조례를 시행하면서, 미등록 아동을 파악할 의무를 자각했다는 것은 매우 큰 의미가 있다. 여기 존재하는 아동을 인식하고, 기록하며, 해보지 않았던 일을 엮어내는 경험적 사례이다. 알았기에 우리의 아이라 말할 수 있었고, 다음 행동을 모색하는 변화도 가능해졌다. 궁극적으로는 국가의 가족관계등록사무나 외국인 정책 개선이 필요하겠지만, 국적과 외국인 등록 틀을 넘어서 주민 복리를 보장하기 위한 지역사회 역할은 생각보다 많았다.

수요를 받아서 하나씩 하나씩 뚫어 나가고 있어요. 이번에도 육아종합
지원센터에 아이맘 카페를 확인증 아이들도 이용할 수 있게 해달라고
해서 조례를 바꾸고 운영 규정을 바꾸고. 그다음에 공원 같은 데 가면
시흥시민이면 감면 혜택들을 받을 수 있잖아요. 이런 혜택들이 시흥 아
동 확인증 소지자가 같이 적용받는 걸 1차적 목표로 하고 있고. (…) 지
금 된 게 도서관에서 도서 대출, 18세 미만 필수 예방접종을 잘 모르는
분들이 있어서 알림이 가능하게 됐고, 보건소에서 하는 생애주기별 건
강 사업, 구강 검진 사업들 참여할 수 있게 됐고, 일반적으로 지금 시가
갖고 있는 인프라들을 많이 확장하고 있는 상황이에요. 어제 만난 가족
은 수영장 가고 싶다고 해서 이번에 도시공사를 한번 뚫어볼까 생각하
고 있습니다.

(중략) 이분들은 그냥 여기서 사는 거예요. 비록 (외국인) 등록은
못했고, 쫓겨날 위험도 있다고 하지만 여기서 사는 거고, 저희가 항상
그런 얘기를 해요. 번역해 주시는 서포터즈 분들과 함께 하거든요. 무
슨 일이 생기면 꼭 연락을 주시라, 어떤 일이든 도와드리겠다, 그런
얘기를 하면 되게 든든해하시더라고요.

- 시흥시 공무원 A

생명 · 생존 및 발달: 아동의 안녕을 증진하는 환경의 조성

출생등록은 누구나 갖춰야 하는 결과이다. 누구나 어렵지 않게 당연히 아동의 태어남을 알리고, 그 존재 등록이 가능해야겠지만, 여하한 이유로 쉽지 않은 경우들이 상당히 있다. 그때에는 출생등록의 결과에 이르도록 조력하는 행정의 역할이 요구된다. 출생이 등록되지 않은 상황에서는 기본적 보건, 교육 및 사회복지에 대한 권리를 거부당할 위험이 크기에, 이들이 포괄적 서비스에서 누락되지 않도록 관리하고, 최대한 출생등록에서 배제되지 않도록 사법적·행정적 지원을 제공해야 한다.

출생 미등록 아동을 파악할 의무가 부여된 시흥시는 이러한 책무를 실체적으로 인지하고 있었다. 사회복지 지침상 출생신고가 되지 않은 아동에게 임시적으로 부여할 수 있는 사회복지전산관리번호를 적극 활용하였다. 출생 미등록 아동을 유관기관과 연계해 사례관리 하고, 법적 해결 방안에 대한 자문도 제공하였다. 기존에 있던 정책이긴 하지만 시흥시에 특화된 외국인 보육료 지원도 활발하게 이용하였다. 총체적 방식으로 아동의 발달권을 지지하면서, 이주배경, 한부모·저소득 가정과 같은 상대적으로 취약한 환경의 아동에 특별한 주의를 다한다고 볼 수 있다.

(시흥 아동 확인증을 신청한) 내국인 같은 경우에는 출생신고를 할 수 있게끔 도와드리고, 그 과정에서 저희가 사회보장번호를 부여해서 출생신고를 한 아이들과 동일하게 지원이 나갈 수 있도록 (…) 의료

보험 같은 경우에는 주민등록을 전제로만 하기 때문에 그런 아이들도 주민 의료보험 혜택은 받을 수 없지만, 시가 주는 아동수당, 부모급여, 산후조리비 같은 시비 사업들은 우선적으로 누락 없이 다 지원해 주고 있고. 부모 중 한쪽 엄마가 등록 외국인이고 아버지가 한국인인데 두 분이 결혼 관계가 아닐 경우에 이 문제를 어떻게 법적으로 해결해 나갈 건지에 대해서 자문해 주고 있고, 상황에 따라서는 가족센터나 아동보호전문기관과 연계하여 집중적으로 사례관리를 해 나가고 있어요. 등록 외국인 같은 경우에는 저희가 시비 사업으로 외국인 보육료까지는 지원이 나가거든요. 이건 시흥시만의 독자적인 지원이긴 해요.

— 시흥시 공무원 A

아동 참여와 의견 존중: 아동의 이익을 옹호하는 사람들의 목소리

시흥시의 출생 미등록 아동 조례는 2021년 주민청구 조례로 발의되었던 〈시흥시 출생확인증 작성 및 발급에 관한 조례〉('출생확인증 조례')에 기초한다. 2021년 8월 26일부터 11월 25일까지, 팬데믹 중에도 2만 명이 넘는 주민이 온·오프라인 서명에 참여하였고, 8,285명의 청구인 요건을 훨씬 넘는 1만 6,405명의 유효 서명이 인정되었다. 그러나 당시에는 출생확인 관련 업무가 국가사무인 가족관계등록에 관한 것이어서 조례로 제정할 수 없다는 법제처 유권해석을 이유로 각하되었고, 이듬해 구성된 새로운 의회에서 유사한 조례가 발의되면서 제정되었다.

주민청구로 제안되었던 최초 조례안은 "출생신고를 하는 아동이

건 못(안) 하는 아동이건 모두 출생확인증을 발급받도록" 했던 것과 달리, '출생미등록'에 초점을 둔 조례로 달라지긴 했지만, 국내법과 관계없이 모든 출생아동 존재를 확인해야 한다는 지역주민의 공통된 마음은 반영되었다 볼 수 있다. 1만 6,000여 명의 주민이 움직인 과거가 있었기에, 시의회와 시행정부도 빠르게 움직였을 것이다.

태어난 직후의 아동과 영유아도 자신의 견해를 표현할 권리가 있고, 다만 그 의사전달과 소통을 돕는 대리인 역할이 제대로 실천될 필요가 있다. 협약 제12조가 명시하였듯, 아동은 직접 또는 대리인이나 적절한 기관을 통해 의사를 표명할 권리가 있다. 부모, 변호사 혹은 사회복지사를 비롯해 아동을 대변하는 존재는 아동의 의견을 정확하게 전달할 의무가 있으며, 오로지 아동의 이익만을 위해야 한다. 그리고 출생등록은 적어도 모든 아동의 이익이며 욕구라 볼 수 있다. 정체성을 투영한 공적 증명은 누구에게나 예외 없이 지켜져야 한다. 출생 배경과 신분에 관계없이 모든 아동 출생 확인 필요를 말한 시흥시 주민들의 목소리는 아동의 편에 선 대리인 역할이라 볼 만하다.

저희 조례는 2021년에 주민분들께서 시흥시민 대표단을 소집하셔서, (…) 우리 정왕동 지역의 특수성, 이주민이 많고, 미등록 이주민이 많은 이런 상황 속에서 보편적 출생등록이라는 타이틀을 가지고 시민들이 먼저 운동을 시작하셨어요. 그런 조례가 필요하고 제정이 되어야 한다고 주민 발의를 먼저 시작하셨고, 그때 2만 2,000명 정도의 시흥시민이 서명을 해줬고, 유효 숫자만으로도 1만 6,000명의 서명이 나왔었거든요.

- 시흥시 공무원 A

의견 청취를 위해서는 해당 정보를 널리 알리는 것도 제12조를 이행하는 주요한 요건이 된다. 투명하고 완전한 정보 제공은 견해를 형성하고 표출할 전제이기 때문이다. 시흥시도 초기 홍보에 힘을 기울였다. 조례가 만들어졌고, 무엇을 할 수 있으며, 그 결과나 영향은 무엇인지 알렸다. 출생등록에 어려움이 있었던 아동 보호자와 그들을 돕는 지역사회의 출생 확인 신청이 들어왔고, 어쩌면 당사자 아동도 직접 출생 확인을 바라게 될지도 모를 일이다. 그 과정에서 들린 아동의 또 다른 욕구와 희망이 조례의 새로운 기회도 만들어내지 않을까.

직원들, 유관단체, 주요 지역의 어린이집, 산부인과는 국장님하고 직접 찾아가서 사업소개 했고, 외국인 지역 주민협의체, 가족센터를 찾아가서 홍보하고. 초반기에는 산부인과를 통해서 많이 들어왔었고요. 그다음에는 동에서 소개받은 내국인들. 그리고 동에서 연락 주셨던 외국인들. 미등록 이주민 같은 경우에는 외국인 지역 주민협의체를 통해서 계속 들어오고 있어요.

- 시흥시 공무원 C

아동인권교육과 아동권리협약의 보급

아동학대 예방교육은 법정 의무교육으로서 꾸준히 실시되고 있었고, 이때에 아동인권을 주되게 다룬다는 응답이 반복하여 제시되었다. 아동정책영향평가 교육도 아동권리협약의 일반원칙을 지표로 하는 만큼, 기본적으로 아동인권에 초점을 둔 교육이 포함된다고 한다. 향후 아동인권에 기반한 아동정책 제도화 과정에서 아동인권교육 의무화가 최선의 방안일지 꾸준한 논의는 필요할 것이다. 다만, 답변을 들으면서 적어도 아동학대 예방교육이나 아동정책 수행에 요구되는 관련 교육에 아동인권을 다루는 공통적 커리큘럼을 개발하는 방안도 상당히 의미 있겠다는 생각이 들었다.

아동보호팀에서 전 직원들 대상으로 아동학대예방교육을 실시하고 있는데, 그런 교육 중 일환으로 아동인권교육도 같이 하고 있어요. 신고의무자뿐만 아니라 사회복지시설에서 일하는 직원 분들, 시설에서 일하는 공익요원, 사회복지시설이 아니라도 공공 부문에서 일하는 공익요원까지 학대예방을 전제로 아동인권교육을 다들 하고 있어요. 조기예방을 위해서 공무원이나 공공시설, 공사, 이런 곳에서 대면 교육을 하고요. 아동학대예방교육이 주가 되는 건, 예방교육은 '우리가 이만큼 했습니다' 하고 보고를 해야 하거든요. 또 시흥시는 아동보호전문기관과 협조가 굉장히 잘되어서, 아동보호전문기관에 있는 인력으로 아동학대예방교육도 하고, 그쪽에서 자체적으로 아동인권교육을 하고 있기도 하고. 다만, 아동학대예방교육이라고 받지만, 인권 분야만 핵심적으로 교육을 받거나 하지는 않았어요.

— 시흥시 공무원 C

진주 반성초등학교: 아동인권은 공존과 평화의 기초가 된다

진주 반성초등학교는 2023년부터 유니세프 아동친화학교[6] 사업을 시작하였다. 경상남도교육청이 유니세프와 협약을 맺어 인권감수성 함양을 위한 공모사업을 신청했던 것이 계기이다. 소규모 학교 장점을 활용해, 다양한 교육활동과 접목한 사업계획을 작성하였다. 2024년도에는 기후변화와 관련된 생태환경미래학교, 학생자치활동, 교사 역량 강화 등의 과제를 추진한다.

교육의 목적은 모든 아동이 가지는 타고난 인간 존엄성과 아동의 동등하고 양도불가한 권리라는 협약 핵심 가치를 증진하고 지원하며 보호하는 데 있다. 즉, 학교가 지향하는 방향성은 아동권리협약과 다르지 않다. 학교에서 교육과정을 잘 운영하면, 학교 자체가 인권 친화적 장소가 될 수 있다. 학교 규모나 구성원 특성에 따라 방식은 다를 수 있지만, 모든 아동의 권리인 교육은 궁극적으로 아동의 기술, 학습 및 그 밖의 능력, 인간 존엄성, 자부심과 자신감을 발전시켜 아동에게 권한을 부여하는 것에 있다.[7] 반성초등

---

6   유니세프 아동친화학교는 아동권리협약에 기반한 학교 운영을 통해 아동의 권리 실현과 더불어 학교 구성원 모두의 권리를 존중하는 학교 문화 만들기 프로그램이다. ① 아동권리 교육, ② 아동권리 거버넌스, ③ 상호존중, ④ 안전, ⑤ 발달지원, ⑥ 비차별, ⑦ 교육가치 실현, ⑧ 참여, ⑨ 임파워링(역량강화)의 9가지 구성요소를 통해 아동권리협약의 가치와 이념을 내재화한 학교 환경 조성을 목적으로 한다.

7   유엔 아동권리위원회(2001), "일반논평 제1호: 교육의 목적".

학교의 아동권리 실천은 학생과 교사의 성장으로 나타났다. 학교의 교육은 곧 인생의 경험이기도 하다.

아동권리협약

제29조 ① 당사국은 아동 교육이 다음 각 호의 목표를 지향해야 한다는 것에 동의한다.
1. 아동의 인격, 재능, 그리고 정신적·신체적 능력의 잠재력을 최대한 계발
2. 인권과 기본적 자유, 유엔헌장에 규정된 원칙에 대한 존중 의식 계발
3. 아동의 부모와 아동 자신의 문화적 정체성, 언어 및 가치, 현 거주국과 출신국의 국가적 가치 및 서로 다른 문명의 차이에 대한 존중 의식 계발
4. 아동이 인종적·민족적·종교적 집단 및 선주민 등 모든 사람과의 관계에 있어서 이해, 평화, 관용, 성평등 및 우정의 정신에 입각해 자유사회에서 책임 있는 삶을 영위하도록 하는 준비
5. 자연환경에 대한 존중 의식 계발
② 교육기관의 교육은 국가가 설정한 최소기준을 따라야 한다는 요청 하에, 본조 또는 제28조의 어떤 조항도 개인 및 단체의 교육기관 설립과 운영의 자유를 침해하는 것으로 해석되어서는 안 된다.

비차별: 차이를 이해하고 존중하는 문화

학교는 나와 다른 다수의 존재와 가장 밀접하게 상호작용할 수 있는 장소 중 하나이다. 일정한 면적의 공간에 다수 인원이 정해진 시간을 함께 보내야 하는 곳, 원하든 원치 않든 공통의 과제를 의무적으로 부여받는 곳이다. 따라서 학교에서는 차이를 이해하고, 타인을

존중하는 태도가 더욱이 중요하다. 국가 교육 제도는 아동에게 비차별의 권리를 안내하고 내재화하도록 도울 책임이 있다. 반성초등학교 학생들은 차이와 존중의 의미를 자연스럽게 체화하고 있었다. 아동인권의 원칙이 투영된 교육 틀 안에서 아이들은 건강하게 성장할 수 있다.

작년에 저희 반에 지능이 5~6 정도로 도움이 필요한 학생이 있었거든요. 이때 아이들이 인권을 실천했다고 느낀 게, 반에 있으면서 누구 하나 그 아이를 따돌리거나 존중해 주지 않거나 한 적이 없었고, 우리 반 아이들은 '내가 도와줄게'가 아니고 항상 물어봤거든요. 'OO아, 너 이거 혼자 할 수 있어?' 이렇게 물어보고, 혼자 할 수 있다면 그냥 가만히 놔뒀고, 도움이 필요하다고 하면 도와줬고. 이런 걸 제가 '너 네 그래야 돼' 한다고 해서 실천이 되는 건 아닌데, 유니세프 아동친화학교라는 걸 1년 동안 함께 해오면서 내재되어 있었다고 생각이 들거든요.

− 진주 반성초등학교 교원 A

협약 제 2조 비차별은 성차별, 장애아동, 가정환경, 연령이나 성적 지향 및 성적 정체성에 따른 다양한 차별 사유가 교육의 기회를 박탈하지 않는 것만 아니라, 차별을 조정하는 적극적 조치도 요구한다. 반성초등학교는 농촌 지역 특성상 보호자의 참여가 더 쉽지 않은 고민을 말했다. 학교를 오가기에 물리적 거리가 멀거나, 고령, 국적이나 언어 차이로 교사와 양육자 협력에 어려움이 있었다.

그러나 아동인권에 입각한 교육은 학교만의 몫이 아니며, 학교와 가정 모두에서 인권 존중 문화가 형성되어야 한다. 학교의 추가적 시도와 노력도 필요하겠지만, 지역 특성을 보완하는 교육당국의 집중적 지원, 양육자 노동환경에 대한 복합적 논의도 궁극적으로 필요한 과제이다.

> 교육의 3주체가 다 같이 지렛대를 이루어서 잘 맞춰 가야 하는데, 시골로 갈수록 어려운 부분이 그 부분이고, (⋯) 저희 학생들이 의외로 통학버스를 안 타고, 좀 멀어서 아버지가 데려다주시거나 가는 길에 그런 아이들도 있고. 가정 형편이 어려운, 할머니와 함께 사는 아이들도 있고, 다문화 가정도 있고요.
>
> — 진주 반성초등학교 교원 B

아동 최상의 이익: 아동에게 우호적인 교육환경

양질의 교육은 아동 최상의 이익이며, 아동인권의 가치가 교육적으로 효용성을 가지려면 교사의 역할이 중요하다. 국가는 교육이 미래에 대한 투자이면서 즐거운 활동, 존중, 참여, 꿈을 실현하는 기회라는 점을 고려하여, 아동 친화적 환경 및 적절한 교수법과 학습법은 물론, 잘 훈련된 교사와 상이한 교육 관련 상황에서 일하는 여러 전문가를 확보할 필요가 있다.[8] 이에 반성초등학교는 교육 실행과

---

8   유엔 아동권리위원회(2013), "일반논평 제14호: 자신에게 최선의 이익을 제1의 고려사항으로 할 아동의 권리(제3조 제1항)", 79항 참조.

더불어, 교사 역량 강화에도 힘을 기울였다. 아동인권을 통해 더불어 행복해질 수 있다는 가치를 공유하고, 그것이 곧 교육의 목표라는 점을 공감하고자 하였다.

> 작년 처음에 전문적 학습 공동체를 운영하면서는 선생님들과 우리가 유니세프 아동친화학교라는 걸 통해서 우리에게는 어떤 강점이 있고 선생님들의 삶은 어떤 식으로 행복해지는지, 그래서 우리가 행복해져서 애네하고는 어떻게 함께 행복해질 수 있는지를. (…) 올해 시작할 때는 선생님들께 학생 인권이 교권과 상충되는 것이 아니라 서로가 서로의 가치를 인정하고 함께 같이 관계를 잘 만들어가면서 행복한 공동체를 만들어 가는 거라는 거에 대해서 연수를 (…).
>
> – 진주 반성초등학교 교원 A

반성초등학교는 기존 교육활동에 아동친화학교 가치를 접목하여 지속가능성을 확보하였다. 유니세프 아동친화학교 공모 지원 사업은 2년차가 되는 2024년으로 끝나지만, 학교는 그간의 경험을 반영한 활동이나 프로그램을 계속할 계획이라고 한다. 이러한 의지는 사업 운영으로 나타난 변화의 한 모습이라 할 수 있다.

아동을 위한 교육은 인권을 실현하는 과정이고 결과이며, 아동만의 인권이 아니라 교사와 보호자 인권 증진에도 기여한다는 가치가 스며든 결과라고도 표현할 수 있다. 아동 최상의 이익은 아동과 관련된 모든 문제에 적용되고, 협약 또는 여타 인권조약에 규정된 권리들 사이에 발생할 수 있는 충돌이나 갈등의 해결책이듯이, 아동의 권리에 주목하는 교육활동은 사회의 아주 기초적 요건이어야 한다.

> (유니세프 아동친화학교가) 학교 교육이라는 전반적인 모든 분야에 다 골고루 영향을 미칠 수 있는 좋은 내용이라는 생각이 들었거든요. 근데 제일 어려운 부분은 그거인 것 같아요. 기본적으로 마인드셋이 되지 않으면 정책적으로 저변 확산이 되기는 쉽지 않은 것 같고. (…) 저는 이게 사업으로 한다기보다는, 베이스가 잘 깔려 있으면 여기에 더 탑을 쌓아가서 좋은 거를 얹고, 또 얹고 해야 한다고 생각하거든요. 토대가 되는 그런 내용들이 담겨 있는 것 같아요.
>
> — 진주 반성초등학교 교원 B

생명 · 생존 및 발달: 모든 사람의 인간 존엄성이 존중되는 공동체

교육은 반드시 모든 아동이 필수적 삶의 기술을 학습하고 어떠한 아동도 삶에서 마주칠 것으로 예상되는 도전에 대한 준비를 갖추지 못한 채 학교를 떠나지 않도록 보장하는 것을 목표로 해야 한다. 기초적 기술은 식자 능력과 수리 능력만을 포함하지 않으며, 균형 잡힌 결정을 할 능력, 비폭력적 방법으로 갈등을 해소할 능력, 건강한 생활방식, 바람직한 사회적 관계와 책임감, 비판적 사고, 창조적 재능 및 삶에서 자신들의 선택을 추구하기에 필요한 도구를 제공하는 그 밖의 능력과 같은 삶의 기술이 포함된다.[9]

즉, 교육은 더불어 사는 연습을 하는 과정으로, 아동이 자신의

---

9   유엔 아동권리위원회(2001), "일반논평 제1호: 교육의 목적", 9항 참조.

인권을 아는 것, 자신의 인권이 친구와 선생님을 포함한 옆 사람의 인권과 연결된 관계성을 아는 것, 교육자가 자신의 만족이 아동의 권리 보장과 맞닿아 있음을 아는 것들이 포함되어야 한다. 유니세프 아동친화학교를 운영하는 담당 선생님들은 교육의 의미를 온전히 이해하고 있었다.

인권이라는 게 사람으로서 내가 가지고 있는 권리를 서로 존중하고 이해해 주는 것 거기서부터 시작이기도 하고, 나아가서 결국은 공동체 의식을 같이 길러야 하는 부분이 저는 되게 중요하다고 생각하거든요. 그런 공동체 의식을 함양하기에 되게 좋은 시스템과 분위기였다는 게 저희 학교가 가지고 있는 장점이었다고 생각해요.

(중략) 사람마다 가치는 다르겠지만 학교에서 교사로서 행복감을 느끼는 부분은 아이들과 교사가 같이 성장해 나가고, 아이들이랑 그 공간에서 함께 즐겁게 행복하게 살아가는 과정 자체가 교사의 행복감이 높아지는 거라고 저는 생각하거든요.

– 진주 반성초등학교 교원 A

아동 참여와 의견 존중: 의사를 표현하도록 지지받을 아동의 권리

반성초등학교는 대도시보다 학교 규모가 작은 만큼 개개인 아동의 참여도를 높이면서 서로를 존중할 수 있는 기회를 충실히 확보했다고 설명한다. 학급과 학년별, 학년 간의 참여 활동도 다채롭게 시도할 수 있었다. 참여의 경험을 누적한 학생들은 직접 학교 환경 조성과 프로그램 구성에 의견을 개진했고, 학교에서도 학생과 가깝게 소통하며 학교 문화를 일궜다.

> 아이들이 자율적으로 다양한 학교 행사라든지, 아니면 후배들이랑 같이 할 수 있는 활동이라든지, 고학년이기 때문에 할 수 있는 활동이라든지 이런 것들을 아이들 중심이 되어서 많은 활동을 했고. 제일 대표적으로 전교생이 모여서 하는 학생 다모임을 학생자치회가 중심이 돼서 1학년부터 6학년까지 다 모여서 한 달에 한 번 정기, 그다음에 안건이 있을 때는 임시회 이렇게 운영했던 (…).
>
> – 진주 반성초등학교 교원 A

참여란 관련된 정보를 아는 것, 말하는 것, 들려지는 것, 의견이 반영된 비중에 대해 피드백 받는 과정 일체를 포함한다. 또한, 참여의 권리는 특정 사안에 국한되지 않으며, 아동이 관계된 모든 사안과 일과에 보장되어야 한다. 학교 활동에서 아동인권의 의미를 알게 된 학생들은 가정에서도 생각을 전할 힘을 갖췄다. 존중받을 권리가 훈육과 지도가 필요한 사안에서도 지켜져야 한다고 말할 수 있었다. 그렇게 자라난 아이들이 어른이 된 사회는 분명 지금

보다 더 평화로울 것이다.

> 아이들이 배워서 집에 가서 부모님들과 대화를 할 때 내가 생각하는 이런 권리라는 거를 부모님들께도 말씀을 드릴 수 있게 되는 부분이 생기는 것 같고. 제가 학부모님들한테 작년에 들었던 이야기는 작년 저희 반 회장, 부회장 어머니들께서는 애들이 자기의 가치를 되게 소중하게 생각을 해서 집에 와서 엄마 아빠가 야단을 치고 그러면, "야단을 치는 건 좋지만 자기한테 따뜻하게 말해 달라"라고 얘기를 한다고 그러더라고요.
>
> — 진주 반성초등학교 교원 B

아동인권교육과 아동권리협약의 보급

교사는 아동에게 아동인권에 대한 지식과 기술, 태도를 가르치는 사람으로서, 행동으로 아동인권 의미와 가치를 안내할 책임도 있다. 따라서 교사의 아동인권 역량은 특별히 중요하다. 교육청에서 제공되는 다양한 연수 기회를 확충하고, 연수의 질적 수준을 높이려는 노력이 필요한 이유이다. 다른 한편으로, 교사 인권에 대한 이해를 제고하는 것과 더불어 교사가 아동에게 아동인권을 의미 있게 교육하도록 조력하는 것도 아동권리협약을 널리 알릴 당사국 책무에 포함된다. 유니세프에서 제공받은 워크북에 대한 긍정적 응답은 효과적 아동인권교육에 대한 교사 집단의 갈증을 보여주기도 한다.

> 작년에 경남교육청에서 연수를 많이 개설해 주셨거든요. 그래서 저희도

인권 관련 연수를 많이 들었고, 인권 관련 연수뿐만이 아니라 경남교육청에서 아이들한테도 해줄 수 있는 그런 프로그램도 많이 개설을 해주셨고, 유니세프에서도 오셔서 저희가 이렇게 활동을 할 때 필요한 걸 지원해 주겠다, 뭐가 부족하냐고 하셔서 올해 만들어진 게 워크북이었어요. 선생님들이 이걸 받아 가시면서 엄청 좋아하셨어요.

- 진주 반성초등학교 교원 A

아동인권의 확산

아동정책은 아동권리협약 비준에서 발생하는 의무가 아동에게 중요한 영향을 미치는 거대 부처(교육, 보건 혹은 복지 등)에 국한되는 것이 아니다. 아동을 대상으로 한 정책은 재정, 기획, 고용과 국방 및 모든 수준의 부처를 포함한 중앙과 지방정부 전체에 의해서 인정되는 것을 목표로 설계되어야 한다. 예를 들어, 시중에 판매되는 각종 제조물의 화학성분이 아동에게 미칠 수 있는 부작용이나 부정적 영향을 염두에 두었을 때, 모두에게 안전할 가능성은 확연히 높아진다. 장애아동의 이동 편의성을 높이면 장애인, 노인, 임산부나 환자 등 모든 시민의 접근성에 도움이 된다. 반면에, 아동을 의식하지 않았을 때 아동의 존재성이 외면될 우려는 더 크다. 청장년과 비장애인, 내국인만을 기준으로 수립된 정책에서 아동은 기본적 생존과 발달의 권리조차 박탈당할 수 있다. 따라서 아동인권의 효과적 이행을 위해서는 모든 충위 기관과 사람들의 역할이 요구된다.

이하의 사례들은 정책 우선순위에 아동을 두었다. 부산광역시는 아동을 위한 포괄적 정책을 충실하게 수립하였고, 광역 지자체로서 기초 지자체에 대한 아동인권 이행 감독을 강화하였다. 충청남도는 공공기관에 종사하는 양육자의 유연근무를 의무화하였다. 경북교육청은 통합교육 활성화 모델학교를 꾸준히 확대하였다. 그 결과는 보편적 아동인권의 확산이다. 주민의 직접적 복리 증진 사무를 하는 시·군·구와 달리, 이를 지원하는 시·도 단위의 역할을 모색하는 방향성에도 참고할 만한 사례들이다.

부산광역시: 정책 총괄 역할은 지방정부의 책무성에 기여한다

부산광역시는 2022년과 2023년 2년 연속으로 아동정책시행계획 최우수상을 수상한 성과도 있고, 광역 지자체 단위에서 아동친화도시 조성을 지지하는 체계를 마련한 점에서도 주목할 만하다. 아동정책시행계획은 아동권리 보장을 위한 포괄적 전략 수립 맥락에서, 아동친화도시 조성을 독려하는 체계는 이행 감독의 맥락에서 의미가 크다.

구체적으로, 부산시는 16개 구·군 여성가족정책 평가항목에 ① 구·군 자체 아동정책시행계획 수립 여부,[10] ② 아동친화도시 인증 추진 여부와 시 아동친화 관련 사업 협업 사항에 별도 배점을 부여하였다. 국가 정책으로 추진되는 아동보호전담요원 충원율, 아동학대 전담공무원 교육 이수율, 다함께돌봄센터 설치·운영사항과 거의

아동권리협약

제 4조 당사국은 이 협약이 명시한 권리의 이행을 위해 모든 적절한 입법적 · 행정적, 기타 조치를 취해야 한다. 경제적 · 사회적 및 문화적 권리 보장을 위해 당사국은 가능한 모든 자원을 활용해야 하며, 필요한 경우 이를 국제협력의 관점에서 시행해야 한다.

---

10 〈아동복지법〉 제 8조에서 규정한 정하는 연도별 아동정책시행계획 수립·시행의 주체는 보건복지부장관, 관계 중앙행정기관의 장 및 시·도지사이다.

동등한 비중으로 구·군의 아동정책시행계획 수립과 아동친화도시 추진을 포함한 것이다. 구·군 협의체를 운영해 아동친화도시에 대한 설명과 홍보도 하고, 인증을 독려하기도 하며, 매년 아동친화도시 조성과 관련된 사업 공모를 진행해 예산도 지원한다. 중앙정부와 기초 지자체의 중간 단계에 있는 광역 지자체는 무엇을 할 수 있는가. 어떻게 지원하고, 관리·감독하여, 더 나은 아동권리 보장을 이끌어 낼 수 있는가. 그 새로운 시도를 자세히 알고자 하였다.

비차별: 개별 아동과 아동 집단의 적극적 고려

부산시는 차별을 해소하는 적극적 조치로서, 보호대상아동, 자립준비청년 지원 정책과 맞물려 아동 주거권 보장 정책을 설계하였다.

(아동정책시행계획 목표) 세 번째 '공정한 출발 국가 책임'은 96개를 했는데, 다른 데보다 차별화된 게 부산이 아동 주거권을 보장해서, 주택정책과에서 아동 주거 빈곤 환경개선 사업으로 용역을 줘서 현상이라든지 이런 걸 조사했고, 그걸 가지고 2023년부터 주거빈곤 아동 공모 사업으로 리모델링 환경개선을 했던 게 있었거든요. 그런 게 차별화됐고, 그 안에 자립전담기관, 취약계층 등 보호대상아동 중심으로 해서 아동 중심 관점에서 보호받을 수 있는 그런 제도를 접목해서 넣으려고 했었고요.

— 부산광역시 공무원 A

한편으로, 차별이나 잠재적 차별이 확인되려면 세분화된 자료수

집이 전제되어야 한다. 명확한 근거가 있어야, 차별을 해결할 수 있는 입법, 행정 및 자원 배분 변화도 수반될 수 있다. 예컨대, 공공형 키즈카페는 사회경제적 지위에 따른 놀이시설 접근 격차 해소에 목적이 있을 것인데, 여기에 필요한 추가적 정보는 지역별 거주 아동 연령과 성별·장애 특성, 가정환경에 따른 공공형 키즈카페 이용률과 만족도, 비용 접근성과 물리적 접근성 등을 분석할 수 있는 지표 등이 있겠다. 아동정책시행계획은 지역에 특화된 자료를 포괄적으로 수집하는 매개로서, 자료 범주화와 세부 항목을 가늠하는 데에 참고가 될 수 있다.

> 저희가 전 과, 전 구군, 전 사업소에 있는 아동정책 시행계획을 다 모아서 이렇게 했는데, 그중에 출산보육과에 공공형 키즈카페 조성이라는 게 있었거든요. 일반 키즈카페가 비용이 고가여서 이용하는 사람들이 부담을 많이 느낀다고 해서 공공형 키즈카페를 하자 했는데, 출산보육과에서 만들어서 저렴하게 해서 보통 육아종합지원센터랑 같이 연계해서 거기다가 공공형 키즈카페를 넣었더라고요.
>
> – 부산광역시 공무원 B

아동 최상의 이익: 행정조직의 변화

아동 최상의 이익 개념이 완전히 적용되기 위해서는 모든 행위자로 하여금 아동의 총체적인 신체적·심리적·도덕적·영적 보전을 보장하고 그의 인간 존엄성을 증진하도록 만드는 권리기반접근법이 개발되어야 한다.[11] 이에 따를 때, 유니세프 아동친화도시 인증 체계는 협약

이행에 검토되어야 할 사항을 효과적으로 안내하는 지침이 되었다. 아동친화 이름으로 전담조직이 구성되었고, 팀과 과를 연결하는 조직으로 기능하였다. 이전부터 추진되던 사업들이 아동권리 관점에서 재해석되고, 취약한 아동의 존재를 한 번 더 살피게 되었다.

> 아동친화도시 인증을 받을 수 있고, 이런 걸 추진한다는 게, 저희가 계획서도 세우고 하다 보면 아동권리에 대해 좀 더 생각하게 되는 것 같아요. 저희가 팀명도 원래는 아동친화팀이라는 게 없었습니다. 이런 걸 준비하면서 팀 자체도 만들게 되고 하니까, 원래 대부분 기존에 하던 사업들이 많긴 많지만 좀 더 아동에 대해서 생각하면서 사업을 추진하게 될 수 있지 않을까 그렇게 생각하고 있습니다.
>
> — 부산광역시 공무원 C

생명 · 생존 및 발달: 다분야가 협력하는 아동정책

아동은 출생 직후부터 최소한 18세에 이르는 급격한 발달 과정에 있는 사람이고, 이에 아동에 관계된 정책들은 지자체 특정 부서에 국한되지 않는다. 같은 연령이라도 성장환경이나 개별적 특성에 따라 발달 수준은 다를 수 있고, 장애나 이주배경, 가정의 특수성에 따라 아동의 욕구가 다르게 나타난다. 따라서 정책이 어느 아동도 놓치지 않으려면 보편성과 개별성을 확보해야 하고, 관계된 부서들의 소통과 협력이 잘 이루어져야 한다.

---

11 유엔 아동권리위원회(2013), "일반논평 제14호: 자신에게 최선의 이익을 제1의 고려사항으로 할 아동의 권리(제3조 제1항)", 5항 참조.

국내법과 중앙행정기관이 아동과 청소년을 나누는 한계에도 불구하고, 부산시에서는 아동친화를 중심으로 꽤 원만한 부서 연계가 이루어지고 있었다. 하나의 과에 아동과 청소년 관련 팀이 모인 영향도 있을 것이다. 복지의 협소한 범주를 넘어 보건, 건강, 안전과 주거 지원 등 다양한 영역이 아동정책시행계획이나 유니세프 아동친화도시 인증을 위한 기본계획에 두루 포함되어 있었다. 아동인권에 대한 관심이 아동정책시행계획에 포함될 정책 범위를 넓혔고, 아동정책시행계획과 같은 포괄적 전략을 수립하면서 아동정책에 대한 이해도도 높아졌다고 짐작된다. 무엇이 더 큰 요인이건, 법·제도적 기반과 인식 제고 노력이 상호 반응적 효과를 보이는 것은 분명하다.

저희 아동청소년과 안에 4개 팀(청소년정책팀, 청소년지원팀, 아동친화팀, 아동복지팀)이 있거든요. 팀별로 두 군데는 청소년 업무를 총괄하고 지원하고, 친화팀은 친화업무를 총괄하고, 복지팀은 취약계층 지원하고. 이런 부분이 섞여 있어서, 어쨌든 청소년 지원하는 부분이나 아동복지 지원하는 건 비슷하게 흘러가기 때문에 계속 공유하고 있고 담당자별로 연계가 되는 부분이기 때문에 그렇게 하고 있습니다.

– 부산광역시 공무원 A

(아동정책시행계획 목표) 두 번째 건강하고 균형 있는 발달지원에 어린이 놀이 환경 복합 문화공간 '들락날락'이라고, 그걸 추진한 게 우리 부산이 다양한 자유 활동을 통해서 미래 문제를 해결하고 아동의 건강한 발달을 지원하는 그런 분야를 넣었고. 그다음에 '청소년 상상팀'이라고

있었고, 또 부산이 22년부터 선도적으로 '학교폭력 제로 만들기' 공모
사업을 해서 추진했던 게 효과가 있었던 것 같고.

– 부산광역시 공무원 B

아동 참여와 의견 존중: 아동 참여를 뒷받침하는 체계나 기반 필요

광역 지자체로서 구·군의 아동정책 사례를 모으고, 아동인권 증진을
위한 정책 수립을 독려하는 총괄자 격의 부산시는 주민복리와 직접
관계된 업무를 하지 않는 탓인지, 아동 참여의 경험이 상대적으로 미
약한 편이었다.

부산시 아동정책 담당자들은 아동인권이 정책에 잘 반영될 수
있으려면 참여권 보장에 더 노력해야 할 것 같다고 말했다. 행정안
전부 정책으로 추진되는 주민참여예산의 한 부분을 아동참여예산
으로 하거나 아동참여예산제를 별도로 시행하기, 아동 참여가 구
조적으로 보장되는 체계 만들기 등이 제안되었다. 아동의 참여는
그 자체로 보장되어야 할 권리이지만, 이러한 응답은 제도적으로
추진되는 아동정책을 통해 아동인권에 대한 이해가 더불어 높아질
수 있다는 함의도 찾아볼 수 있다.

주민참여예산은 지금 하는 건데 아동참여예산은 따로 없어요. 그런
카테고리를 만들어서 주민참여예산 안에 넣어서 만들든 아니면 별도
로 만들든 해서, 그런 예산이 있으면 바로 부서에서 피드백을 받아서
총괄 부서가 있어야 하거든요. 그거 없이는 다 흐지부지되는 경우가
많다 보니까. 그건 행정안전부에서 챙기다 보니까 좀 더 가능한 것

같은데, 그런 식으로 아동 참여 예산도 있었으면 좋겠다는 생각도 들고요.

- 부산광역시 공무원 B

저희가 아동 관련 조사나 이런 것도 하다 보면 기본권 중에서도 아동 참여권이 가장 점수도 낮게 나오고 사업 현황도 제일 낮아요. 아동들이 실제로 자기들이 느끼는 인식도 제일 낮게 나와서, 제가 봤을 때는 공무원들이나 어른들이 좋은 사업을 만들고 좋은 아이디어를 낸다고 하더라도 아동들이 직접 자기들이 필요한 것을 얘기하는 그런 게 있어야. 사업도 사업이지만 체계나 기반 같은 게 있어야 하지 않나 그렇게 생각합니다.

- 부산광역시 공무원 C

아동인권교육과 아동권리협약의 보급

공무원을 위한 아동인권교육을 고민하고 있다는 고무적 답변이 있었다. 기존에 진행되었던 아동인권교육 사업은 주로 아동을 포함한 주민을 대상으로 했는데, 아동정책이 제대로 만들어지려면 아동인권을 제대로 알아야 한다는 생각에 이르렀다고 했다. 아동인권을 반영한 정책의 수행 경험이 아동인권에 대한 인식 제고에 기여한 것도 큰 성과이다. 하지만 결국 아동인권에 대한 적절한 이해가 더해져야 정책의 의미 있는 수행과 변화를 도모할 수 있다는 점에서 거듭 아동인권교육의 필요를 알 수 있다.

저희가 아동권리 교육 사업을 별도로 하고는 있는데, 최근에는 시청 공무원 대상으로는 한 적이 없는 것 같아서 따로 한번 해볼까, 개인적으로는 그렇게 생각하고 있어요. 근데 꼭 필요하다고는 생각합니다. 왜냐하면 우리가 하는 사업들이 과연 어떤 부분에서는 아이들에게 필요한 건지를 알아야 하니까. 그리고 막상 이 사업을 하는데 아동들이 필요한 것도 못 느끼면서도, 오히려 안 좋은 영향을 줄 수도 있는 부분이 있을 수도 있고, 권리를 침해당하는 부분이 있을 수도 있으니까요. 전 사업을 하시는 분들이 아니더라도 아동 관련된 사업을 하시는 분들만이라도 한 번쯤은 필요하지 않나 그렇게 생각하고 있습니다.

- 부산광역시 공무원 C

충청남도청: 아이가 태어날 세상은
아이가 살기 좋은 세상이어야 하지 않을까

아동권리협약은 가정환경 보호에 대한 국가의 책무를 말하면서, 별도 항을 나누어 보호자가 모두 일하는 아동이 돌봄에 대한 권리를 보장받아야 한다고 명시하였다(제18조 제3항). 관련하여, 충청남도는 부모도 일할 수 있는 환경 조성에 주력한 정책을 추진 중이다. 이른바 "힘쎈충남 풀케어 돌봄정책"은 영유아 365일 전담 어린이집 설치, 돌봄센터 확대, 초등학생 365일 돌봄 제공, 임신·출산가구 공공임대주택 특별공급 100% 확대, 공공 최초 육아 직원 주4일 출근제 도입, 자녀 돌봄 연령 12세까지 확대 등을 내용으로 한다.

특히 저연령 자녀를 양육하는 공무원은 의무적으로 유연근무를 하도록 했다. 정책 목표가 아동의 권리 보장이라기보다, 저출생 대응과 출산 장려에 더 가깝긴 하지만, 아이를 키울 수 있는 여건이어야 아이를 낳을 것이고, 부모와 자녀가 애착을 형성할 수 있는 환경에서 아동도 행복할 수 있다는 점에서 세부 내용을 살펴보았다.

아동권리협약

제18조 ③ 당사국은 부모가 모두 일하는 상황에서 아동이 아동돌봄시설 및 지원 서비스를 이용할 권리 보장을 위해 모든 적절한 조치를 취해야 한다.

충청남도 사례의 경우, 정책 수립과 추진 과정에 청년 공무원, 전문가의 의견은 들었지만, 아동의 참여는 없었던 것이 아쉬운 부분이었다. 보육시설을 이용할 유아들의 기대와 희망, 초등 학령기 아동들의 방과 후 돌봄에 대한 욕구를 들어봤다면 어땠을까. 바라건대, 향후 이 정책의 도달점이 태어날 아동에 앞서 지금 살아가는 아동, 이들의 시민성을 응시하는 정책으로 발전하길 소망해 본다.

비차별: 지역 격차의 해소

충청남도는 천안, 아산, 서산, 당진과 같은 도시 지역 북부권과 부여, 논산과 같은 남부권의 사회경제적 환경 차이가 크고, 인구 분포도 다르게 나타난다. 청·장년층이 많은 북부권은 저출생이 논의되는 반면, 남부권은 고령화 대책이 우선순위에 있다. 남부권에서 돌봄 정책이 우선순위가 되기 어려운 배경이기도 하다.

이에 충남에서는 어디에서나 사각지대 없는 돌봄 실현을 목표로 시·군마다 1개 이상의 전담보육시설을 설치하고자 하였다. 수요가 상대적으로 적은 곳도 인프라를 구축하고, 수요가 더 많은 지역은 인프라를 확충하는 형태다. 24시간 어린이집은 보육 시간 연장이 필요한 양육자를 위해 평일 야간(오후 6시~0시)과 새벽(0시~오전 9시), 휴일 시간대(오전 9시~오후 6시) 등에도 보육 서비스를 제공한다. 늦은 오후와 야간, 새벽녘, 휴일에 쉴 노동자의 권리가 지켜지고, 아동이 부모와 함께 그 시간을 보낼 수 있는 게 가장 좋겠지만, 그렇지 못한 노동환경을 단시간에 바꿀 수 없는 만큼, 신뢰할 수 있는 기관에서 아동을 안전하게 보호하는 것도 이 시대에 필요한 과제이다. 그러한 돌봄 공간은 거주지 인근에, 어렵지 않게 방문할 수 있어야 보편성을 가질 수 있다. 이용 예상 인구와 관계없이 지역별 확충을 계획한 것은 첫 단추의 의미가 크다.

> 편차가 남부권하고 북부권하고 굉장히 심해요. 북부권 도시 지역은 저출생 문제를 극복해야 하고, 농촌 지역은 인구 소멸 문제가 굉장히 심하고 노령화가 되게 심하거든요. 저희는 저출생 대책을 마련하면서 일부는 지역 편차 해소를 고민 해보자는 것도 있었어요. 먼저 365일, 24시간 사각지대 없는 돌봄을 실현해보자, (…) 24시간 전담보육시설을 적어도 시·군마다 한 개씩은 다 하겠다. 그다음에 천안, 아산 지역이나 서산, 당진 등 조금 더 수요가 많은 지역은 추가 설치를 해서 총 25개를 하겠다는 게 저희 목표고요.
>
> — 충청남도 공무원 A

아동 최상의 이익: 양육자 지원과 아동의 권리 실현

아동에게 영향을 주는 모든 법과 정책 개발, 행정적 및 사법적 의사결정과 서비스 제공은 최상의 이익 원칙을 고려해야 한다. 특히 영유아기 아동의 권리 실현은 대부분 양육 책임을 진 사람들의 가용한 자원과 복지에 의존하게 된다. 따라서 부모 등 보호자가 제 역할을 하도록 지원하며, 아동의 복지가 위험에 처할 수 있는 가능성에 대비하는 국가 조치는 중요하다.[12] 산전·산후 보건 서비스와 가정방문, 부모교육과 같이 즉각적 결과를 가져오는 개입에 더하여, 부모의 능력에 간접적으로 영향을 주는 개입(조세와 급여, 적절한 주택, 근무 시간 등)도 아동 최상의 이익 증진에 도움이 된다.

충남의 저출생 대응도 양육자 지원에 강조점을 두고 있다. 주 4일 의무 근무제는 2세 이하 자녀를 둔 모든 공무원에게 적극 권장된다. 기존 제도를 활용하는 방안이나, 유연근무제 사용 여부를 지속 점검하는 도의 방침으로 예외 없는 참여를 도모한다. 도 산하기관도 주 4일 의무 근무제 적용 대상이며, 도 외에 일부 시·군에서도 시행하거나 시행 예정이다. 이후로는 캠페인과 인센티브 지급을 통해 민간 확산을 촉진하는 과제도 포함되어 있다. 출산과 육아휴직이 인사고과의 불이익이 되지 않도록 내부 지침도 보완하여 시행 중이다.

> 주 4일 출근제는 저희가 공공 최초로 만 2세 이하, 35개월 이하 자녀를 둔 남녀 직원들이 기존 유연근무제를 활용해서 주 1일을 재택근무를 하든지, 집약 근무를 해서 1일 10시간을 근무한 마지막 5일차 때는 휴무를 하든지 하는 방식 중에 선택해서 사용할 수 있게끔, 저희가 이건 기존 제도를 활용해서 완전 의무화로, 무조건 하라고 하고 있어요.
>
> — 충청남도 공무원 A

일·가정 문화 양립을 위해서 공공에서 먼저 시행을 한 다음에 내년에

---

12 유엔 아동권리위원회(2005), "일반논평 제7호: 영유아기 아동권리 이행", 18~21항.

민간으로 확산하자 이런 게 틀이고. (…) 하반기부터 출산·육아의 눈치 보는 직장 분위기 바꾸기 캠페인을 언론과 협력해서 같이 해 나갈 생각이고, 민간에 이 제도를 확산하는 방법으로 인센티브를 같이 부여하겠다는 계획이에요.

(중략) 출산을 하고 육아휴직 들어가면 성과급을 B등급을 준다든지 점수를 낮게 준다든지 하는 불이익이 있었는데, 아이를 낳고 키우는 것만으로도 성과를 인정을 하자고 해서 최소 A등급 이상 부여하는 걸로 해서 이건 시행되고 있어요.

- 충청남도 공무원 A

생명 · 생존 및 발달: 양질의 돌봄과 생활수준의 향상

유엔 아동권리위원회는 부모의 능력에 간접적으로 영향을 주는 정책들도 아동 최상의 이익 증진에 도움이 된다고 하였다. 일하는 양육자가 의지할 수 없는 돌봄 서비스, 적절한 노동과 주거가 확보되지 않는 여건은 아동 교육과 발달 기회 감소로 이어진다. 따라서 기반 확충, 사회보장 강화, 사회적 인식 증진은 아동의 전인적 발달에 중요한 요소이다.

지사님이 제일 중요하게 생각하는 게 애들을 돌보는 부모가 마음 편하게 직장을 다닐 수 있어야 한다. 그래서 돈보다는 그런 체계를 구축하는 데 중점을 두자 해서 정책이 만들어진 거고. (…) 돌봄 체계를 어떻게 구축하고, 그다음에 아기를 낳아서 키우려면 주거가 돼야 하고, 그다음에 인식 전환이 굉장히 중요하다 해서 이 세 가지 기본 틀을 갖고 정책들을 이것저것 참고 해서 저희 상황에 맞게 만들어낸 거죠.

- 충청남도 공무원 A

아동인권교육과 아동권리협약의 보급

충남의 저출생 대응 담당자가 아동인권교육이나 인권교육의 기회가 있었다면, 이 정책을 만드는 데 더 도움이 되었을 것 같다고 밝혔듯, 저출생은 인구정책이기에 앞서 아동에 관한 이야기이다. 아동이 태어날 세상은 아동이 살아갈 세상이기 때문이다. 저출생 대응 정책이 부서 간 칸막이를 넘어선 협력이 요구되었던 점을 상기하면, 아동인권교육은 특정 부서가 아닌 모든 공공 업무 종사자에게 필요한 지원이라 할 수 있다.

저는 보육아동 업무를 하고 있지 않아서. 저출생 관련 보육아동 정책이 많이 들어있는 거고, 저는 사실 출산지원팀이라서 별도의 인권 교육을 받지는 않았어요. 근데 이렇게 제가 폭 넓은 업무를 하게 될지 몰랐는데, 만약에 그럴 기회가 있고 그런 걸 알고 있다면 정책을 만드는 데 더 도움이 되겠죠. 제가 전문 지식이 너무 없더라고요. 저는 복지직도 아니고, 작년 7월에 처음 이 부서로 와서.

- 충청남도 공무원 A

경북교육청: 통합교육은 서로의 다름을 존중하는 연습이다

장애아동은 모든 다른 아동과 동일하게 교육권을 가지며, 협약에 규정된 대로 아무런 차별 없이, 그리고 평등한 기회에 기초하여 그 권리를 향유해야 한다. 협약이 교육 목표로 강조한 "아동의 인격, 재능 및 정신적, 신체적 능력의 최대한의 계발"을 촉진할 수 있도록, 교육에 대한 장애아동의 효과적 접근이 보장되어야 하며(협약 제28조 및 29조), 통합교육은 장애아동 교육의 목표여야 한다(〈장애인의 권리에 관한 협약〉 제24조 참조).

통합의 형태는 개별 아동의 교육상 필요에 따라 다를 수 있다. 중요한 것은 장애아동이 일반적 교육 체계에서 배제되지 않고 필요한 지원을 받도록 보장할 국가의 의무이다. 무엇보다 통합교육은 장애아동뿐만 아니라 모든 학생의 학습 조건과 요구사항 다양성을 공평하게 반영하는 일련의 가치와 원칙 및 관행이다. 장애아동과 비장애아동이 어울리는 학습 공간은 그 자체로 배움과 사회 통합의 기회이면서, 교육제도를 포함한 관행과 문화의 변화를 동반한다.

국내에서는 '정다운 학교'가 통합교육 실천 모델로 추진되고 있다. 2017년 수립된 '제5차 특수교육발전 5개년 계획(2018~2022)'을 근거로 2018년 40개교로 시작되었다. 특수교사와 일반교사가 협력해 통합교육 환경을 안정적으로 조성하고, 특수교육대상 학생의 학교 적응과 교육권 강화를 목표로 한다. 경북교육청은 2018년부터 2개교 시범운영 후 2019년부터 본사업으로 정다운 학교를 운영하며, 2024년에는 1개 연구학교(2년 차)와 공모로 선정된 14개 학교(유치원 5개, 초등학교 3개, 중학교 3개, 고등학교 3개)가 정다운 학교로 운영되고 있다.[13] 2023년 대비 10개교 늘어났고, 꾸준히 확대되는 중이다.

아동권리협약

제 23조 ① 당사국은 정신적 또는 신체적 장애가 있는 아동이 그들의 존엄성이 보장되고 자립을 촉진하며 지역사회에서 아동의 적극적 사회참여를 장려하는 여건에서, 충분하고 품위 있는 생활을 향유해야 함을 인정한다.
② 당사국은 특별한 돌봄을 받을 장애아동의 권리를 인정하며, 활용 가능한 재원의 범위 내에서 해당 아동과 그들의 양육자에게 아동의 여건과 부모 및 기타 양육자의 상황에 맞는 적절한 지원이 제공되도록 장려하여야 한다.
③ 장애아동의 특별한 욕구를 인식하며, 본 조 제 2항에 따라 지원을 확대할 경우 부모나 기타 양육자의 재정상황을 고려해 가능한 무상으로 제공되어야 한다. 또한 장애아동이 가능한 사회적 통합, 문화적 정신적 발달을 포함한 개인의 발달을 성취할 수 있는 방법으로 아동이 교육 · 훈련, 의료지원, 재활지원, 취업준비 및 여가기회에 효과적으로 접근하고 제공받을 수 있도록 보장해야 한다.
④ 당사국은 국제협력의 정신에 입각해 이러한 분야에서의 능력과 기술을 향상시키고 확대하기 위해 장애 아동을 위한 재활, 교육 및 직업에 관한 정보를 보급하고 접근할 수 있도록 하는 것을 비롯해 예방의학 및 의학 · 심리적 · 기능적 치료 분야에 관한 적절한 정보 교환을 촉진해야 한다. 또한 이 문제를 다룸에 있어 개발도상국의 필요를 특별히 고려해야 한다.

---

13 연구학교는 교육부 예산이, 공모로 선정된 학교는 경북교육청 예산이 투입된다.

다만, 정다운 학교 추진 사례에서도 아동 참여와 견해 존중의 실천은 찾아볼 수 없었다. 학교의 신청을 받아 예산이 지원되지만, 그 수요의 출발이었을 학생들 의견과 욕구가 어떻게 반영되었는지는 확인되지 않았다. 아쉽게도, 정책 담당자나 교육 관계자에 대한 아동인권 교육 경험도 나누지 못했다.

비차별: 포용적 교육의 실천

유엔 장애인권리위원회는 장애인의 포용적 교육을 막는 여러 요소를 지목하였다. ① 장애의 인권 모델에 대한 이해 부족 및 실천 실패 ② 장애인에 대한 낮은 역할 기대와 같은 지속적 차별 ③ 모두를 위한 학습에 있어 포용적 양질의 교육 및 다양성이 가지는 본질과 이점에 대한 지식 결여, 모든 학부모에 대한 현장 지원 결핍, 지원 요건에 대한 적절한 대응 결여, 그에 따라 포용이 교육의 질을 악화시키거나 다른 학생에게 부정적 영향을 끼칠 수 있다는 잘못된 공포와 고정관념 유발 ④ 전 교직원의 불충분한 교육 등 포용적 교육을 이행하고자 하는 정치적 의지, 기술적 지식, 역량의 부족 ⑤ 인센티브와 적절한 편의 제공을 위한 부적절하거나 불충분한 기금 ⑥ 법적 구제 및 위반행위 시정 메커니즘 부재 등이다.[14] 정다운 학교는 편견과 차별에 맞서는 구조적 노력이면서, 장애 학생의 참여와

---

14 유엔 장애인권리위원회(2016), "일반논평 제4호: 포용적 교육의 권리", 제4항 참조.

복리, 성취에 집중함으로써 교육 체계 역량을 강화하는 사례라 할
수 있다.

> 장애학생들에 대한 선입견이나 편견이 분명히 존재하고 그걸 어떻게
> 든 저희가 정다운 학교라는 이름으로, 예를 들어서 장애 이해 교육을
> 넣는다든지, 일반 선생님하고 특수 선생님이 협력 교수를 해서 한다
> 든지, 체험활동 같은 것도 같이 하면서. (…) 저희가 원래는 작년까지
> 3개의 연구학교를 확대 운영했었는데, 지금 2개 학교는 2년 차에서
> 끝났고, 올해는 ○○중학교에 교육부 연구학교를 하고 있고 나머지는
> 저희가 공모 사업을 해서 14개교를 선정해서 정다운 학교를 운영하
> 고 있습니다.
>
> – 경상북도교육청 장학사 A

흔히 말하는 통합교육은 장애아동을 기존 주류화 된 교육시설
에 배정하고 적응하게 하는 개념이 아니다. 표준화된 규격에 맞추
는 '통합(integration)'이 아니라 '포용(inclusion)' 관점에서 이해되어
야 한다. 포용적 맥락 통합교육은 개별 학생의 요구와 선호에 가장
잘 부합하는 환경 조성에 목표를 두고, 교육 내용·방식·접근법·구
조·전략을 수정하는 등의 체계적 개선 절차를 수반해야 한다.[15]
영유아기부터 교육과 공동체 생활에 완전하게 참여할 권리를 보

---

15 유엔 장애인권리위원회(2016), "일반논평 제4호: 포용적 교육의 권리", 제11항
　　참조.

장하는 것은 비차별과 포용을 실천하는 핵심적 경로가 된다.

> 유치원부터 (장애인과 비장애인이) 같이 잘 지낼 수 있는 환경을 조성하는 게 중요하다고 생각해서, 경북교육청에서는 4개(포항, 안동, 구미, 경산) 거점으로 선제적으로 통합교육 운영을 하고, 그 안에서 거점별로 선생님들이 발표회도 같이 하면서 통합교육에 대해 연수도 같이 하는 식으로 이루어지고 있거든요.
>
> — 경상북도교육청 장학사 A

아동 최상의 이익: 아동의 취약성을 보완하는 자원 배분의 우선순위

장애아동에게 최상의 이익은 권리보호를 위한 법적 체제, 행정의 역할이 더욱이 주요하게 요구된다. 적절한 편의를 제공받고, 개별적 특성에 맞게 수정된 교육이 이루어지려면 자원의 확보가 필수적이다. 적합한 공간과 자격을 갖춘 전문가, 종사자에 대한 지원이 맞물려 장애아동 보호, 안전, 돌봄과 교육권 보장으로 나타날 수 있다.

그러나 정다운 학교 정책이 이러한 국가적 책무를 이행한다고 보기는 어려웠다. 정다운 학교에 대한 중앙정부 예산은 처음 시행된 이후로 점차 줄었고, 국비 배정으로 예산 가용성이 컸던 연구학교 수도 줄여야 했다.

> 예산도 되게 차이가 나죠. 정다운 학교는 경북교육청 자체 예산으로 하는 거고, 연구학교는 교육부 예산으로 하는 건데, (…) 작년에 예산이

대폭적으로 줄었지 않습니까? 그러면서 연구학교 수도 줄게 됐어요.

- 경상북도교육청 장학사 A

충분히 훈련받은 교사, 학교 상담사, 심리학자, 기타 관련 보건·사회 서비스 전문가 지원은 장애아동의 포용적 학교 적응에 필수적이다. 학생 요구에 따라 일대다 또는 일대일 형태의 학습 보조 인력도 필요할 수 있다. 도 교육청은 공립학교 신규 교사 채용 권한은 없으나, 특수교육대상 학생의 수업 지원, 행동 중재 등을 위한 보조 인력(특수교육실무사, 사회복무요원, 자원봉사자 등)은 배치할 수 있다. 경북교육청에서는 학교 상황과 학생의 특성을 살피며 적정한 보조 인력이 투입되도록 노력한다고 보고했다.

통합교육 하는 쪽에도 저희가 어느 정도 (보조 인력을) 배치한 학교도 많아요. 우리가 교사는 배치할 수 없지만 보조 인력은 어느 정도 합당한 근거가 되면 최대한 배치하려고 노력하고 있습니다.

- 경상북도교육청 장학사 A

생명 · 생존 및 발달: 장애아동을 위한 특별한 보호
〈장애인 등에 대한 특수교육법〉에 따라 특수학급당 학생 수는 유치원 4명, 초·중학교 6명, 고등학교 7명을 기준으로 하고(제27조), 특수교육 담당 교사는 학생 4명마다 1명으로 한다(법 시행령 제22조). 장애아동의 더 큰 취약성을 유념하면서, 개별화된 지원과 교육 접근성 제고를 도모한 것이다. 그러나 국제법과 국내법에 명시된 장애아동 교육권

176

은 현실에서 제대로 보장되지 않는 실정이다. 〈2022~2024년 특수교육 연차보고서〉를 분석한 자료에 따르면, 과밀 특수학급 수는 2022년 1,499학급(8.8%), 2023년 1,766학급(9.9%), 2024년 1,822학급(10.1%)으로 꾸준히 증가했고, 특수교사 1인당 특수교육대상자도 2022년 4.15명, 2023년 4.29명, 2024년 4.27명으로 시행령 기준을 초과했다.[16] 경북의 사정도 마찬가지였다.

특수학급에 과밀 학급이 너무 많은 거예요. 유치원 4, 초중 6, 고등부 7이에요. (…) 차후에는 정다운 학교에 교사를 더 배치해서 협력할 수 있도록. 예를 들어서 특수학급과 일반학급에 선생님이 따로 있으면, 여기에 한 명이 더 붙으면 어느 정도 더 많은 시간을 할애해서 통합 교육할 수 있는 여건이 될 수 있지 않습니까? 그게 사실 우리의 최종적인 목표이기도 하지만 지금 상황에서는 그렇게 될 수 없는 상황이라서 안타까운 마음도 있죠.

― 경상북도교육청 장학사 A

하지만 경북교육청은 정다운 학교를 포함해 장애학생 등 특수교육대상 학생이 재학하는 학교의 편의성 제고에 우선적 노력을 기울이고 있었다. 포용적 교육은 장애아동이 자신의 인권과 자유를 인지하면서, 정체성을 형성하고, 공동체에 소속감을 느끼게 하는 소중한 경험이다. 장애아동은 그 시간 속에 성취와 좌절을 겪으면

---

16 더인디고(2024.10.2). "학령인구↓, 특수교육대상자·과밀학급↑… 정부 투자
는 제자리". 〈더인디고〉

서, 자신감과 자존감을 고양한다.[17] 이러한 시각에서 학교의 물리적 접근성은 반드시 확보되어야 한다.

경사로라든지 엘리베이터라든지 특수교육대상 학생을 선정 배치할 때 최대한 모든 게 고려됩니다. 휠체어가 있을 때 이 휠체어를 이용해서 학생이 갈 수 있는지 없는지, 학부모랑 교육청이 직접 확인하고 가지, 그게 전혀 없는 상태에서 계단만 있고 학생만 덩그러니 있는 그런 상황을 저희가 만들지 않으려고 하거든요. 설령 그런 상황에 처해졌으면 어떻게 하면 우리가 이 학생들이 시설을 편하게 이용할 수 있도록 할지, 예를 들어 OO고등학교에는 계단만 있었는데 경사로를 만들고, 비를 안 맞을 수 있는 차양막 설치를 더 했어요.

– 경상북도교육청 장학사 A

---

17 유엔 아동권리위원회(2006), "일반논평 제9호: 장애아동의 권리", 제64항.

아동인권의 내재화

앞의 사례들도 아동권리접근법 영향을 감각했다는 점에서 큰 의미가 있지만, 이번에 소개할 정책들은 다음 단계로 나아갔다고 평가할 만하다. 발상의 전환, 혹은 창의적 시도로 탄생한 정책들이다.

전북 완주군은 전국 최초로 아동옴부즈퍼슨 기구를 설립하는 혁신을 도모했다. 아동을 위한 독립적 상설기구는 아동인권이 지역사회에 스며드는 효과적 기제가 되었다. 서울 성북구는 아동의 참여가 부수적이거나 예외적 요소가 아니었다. 법적 강제와 무관하게, 아동의 목소리는 정책 곳곳에 자연스럽게 스며들었다. 광주 서구는 부서별 칸막이를 낮췄다. 각 부문의 정책이 아동을 중심으로 모아졌다.

전북 완주군청: 아동을 위한 전담기구는 변화의 시작이다

유엔 아동권리위원회는 협약을 비준한 당사국은 협약 이행 보장과 증진을 위한 독립적 국가인권기구 설립도 약속한 것이라고 설명한다.[18] 아동의 권리 옹호에 독립적 국가인권기구의 필수적 역할을 강조한 것이다. 아동은 발달 과정에 있는 특성상 인권침해에 특히 취약한데, 대다수 아동의 견해는 각종 의사결정에 제한적으로 고려되거나 반영된다. 투표권이 없으니 인권 현안에 대한 정치적 영향력을 행사하기도 어렵고, 사법적·비사법적 권리 구제책 접근에도 장벽이 높다. 아동의 존재에 특별한 주의를 기울이는 독립적 국가인권기구가 필요한 정당성이 여기에 있다. 기울어진 운동장의 각도가 아동에게 완화되고 나아가 평평해질 수 있도록, 아동인권 관점에서 사안을 조사하고, 자원의 활용을 감독하며, 입법·행정이 아동에게 미치는 영향력을 점검한다.

국내에도 다수의 지자체에서 아동권리 옴부즈퍼슨이 활동한다. 다만, 대다수 지자체가 외부 인사를 위촉하는 형태이고, 일부 지자체에서 행정 내부 공무원으로 옴부즈퍼슨 직위를 두고 있다. 하지만 전북 완주군은 독립된 기관으로 '아동권리 옴부즈퍼슨 상설 사무소'를 설립하였다. 2019년 아동친화도시 중점 사업에 아동 옴부

---

18 유엔 아동권리위원회(2002), "일반논평 제 2호: 아동인권 보호와 증진에 있어서의 독립적 국가인권기구의 역할", 제 1항.

즈퍼슨 사무소를 포함하였고, 2020년에 행정안전부 농어촌 중심지 활성화 사업 공모를 통해 아동 옴부즈퍼슨 사무소 조성을 위한 예산을 확보하였다.

유엔 아동권리위원회 일반논평 제 2호
아동인권 보호와 증진에 있어서 독립적 국가인권기구의 역할

8. 국가인권기구(NHRIs)는 가능한 한, 헌법을 기반으로 확립되어야 하고, 적어도 입법적으로 권한을 부여받아야 한다. 그들의 임무가 아동권리협약 및 선택의정서, 그리고 다른 관련 국제 인권 문서를 포함하는 인권의 보호와 증진이 가능할 만큼 범위가 넓어, 결국 아동의 인권, 특히 그들의 시민적 · 정치적 · 경제적 · 사회적 · 문화적 권리를 효과적으로 다루어야 한다는 것이 위원회의 견해이다. 법안에는 아동권리협약 및 선택의정서와 연관된 아동에 관련한 특정 기능, 권한, 의무를 규정하는 조항이 포함되어야 한다. 만약 국가인권기구가 협약의 존재 이전에 설립되었거나, 명시적으로 이를 포함하지 않은 경우, 그 기구의 임무가 협약의 원칙과 조항을 따를 수 있도록 보장하기 위한 법률의 제정 혹은 개정을 포함한 필요한 조치가 취해져야 한다.

9. 국가인권기구는 그들의 권한 범위 내 상황들을 파악하기 위해 필요한 모든 정보와 문서를 획득하고, 모든 사람의 견해를 청문할 권한을 포함하여, 그들이 위임받은 권한을 효과적으로 이행하는데 필요한 권한을 부여받아야 한다. 이러한 권한은 국가뿐만 아니라 모든 관련 공적 · 사적 단체와 관련한 당사국의 관할권 내에 있는 모든 아동의 권리의 보호와 증진을 포함해야 한다.[19]

---

19 유엔 아동권리위원회(2002), "일반논평 제 2호: 아동인권 보호와 증진에 있어서 독립적 국가인권기구의 역할".

완주군 아동옴부즈퍼슨 사무소는 물리적 독립성은 확보했지만, 지자체가 운영하는 행정 일부이기 때문에 권한의 독립성을 행사한다고 보기는 어렵다. 그래도 존재 의의는 상당하다. 기본적으로는 아동인권교육을 통한 지역사회 인식 제고, 아동의 진정/민원/의뢰에 기반한 문제 확인, 조사와 모니터링, 그 결과를 행정 내부에 제안하여 개선점을 모색하는 구조를 따른다. 이 과정에서 옴부즈퍼슨 사무소가 아동인권 주류화 시스템 구축에 초점을 두게 될지, 권리 침해 조사와 구제의 실질적 역할도 가능할지, 상위법 유무와 지자체 상황에 따라 다양한 논의가 전개될 것이다. 이전에 없었던 새로운 유형인만큼, 한국과 지역사회 여건에 맞는 옴부즈퍼슨 모델을 만들어가는 과정에 있다.

비차별: 아동이 겪는 불평등의 가시화

옴부즈퍼슨은 아동이 겪는 불평등 문제를 분명히 드러낸다. 아동을 위해 할당되는 예산이 적고, 아동의 의견이 지자체 깊숙이 전달되기 어려운 현실을 문제시한다. 지역의 경우, 아동 인구가 현저히 적은 결과로 아동이 우선순위에서 밀려나기 쉽다. 다행히 아동을 중심에 두고 불평등 현실을 인지하는 공공조직이 있다는 것은, 차별 근절로 나아가는 첫 단계이다. 질문과 목표가 있어야 계획을 세울 수 있다. 완주군 아동옴부즈퍼슨 사무소도 이 단계에서 다음 행로를 모색 중이다.

아무래도 저희가 아동·청소년 정책들을 수립하는 가장 큰 요인 또는 동기는 국가 예산을 확보하는 거예요. 혹은 어린이재단이나 굿네이버스나 혹은 다른 NGO 단체들과 함께 예산들을 매칭해서 사업들을 할 때 그건 거의 120% 갈 수 있거든요. 근데 그 외에는, 예를 들면 여기다가 놀이터 (설치를) 100% 군비로 하겠다 하면 100% 반려예요. 안 돼요. 그게 사람들이 많이 살건, 적게 살든 중요치 않고 워낙에 지금 지자체 예산이 너무 없기 때문에 (…) 완주에 경로당이 550개 정도가 있어요. 경로당만. 그런데 아동청소년 옴부즈퍼슨, 문화의 집 이런 거 다 합쳐 봤자 50개가 안 되거든요. 심지어 경로당도 부족해서 중로당도 만드는데.

(중략) 군수님이 어떤 의견 수렴을 듣는 대상층만 보더라도 불평등이 굉장히 심해요. 주민들이나 학부모님들은 언제든지 와서 만나고 얘기할 수 있고 본인들을 대변할 수 있지만, 노인들도 마찬가지고. 우리 아동·청소년들은 바로 오기가 힘들거든요. 그래서 옴부즈퍼슨이 필요한 거고. 그런다고 옴부즈퍼슨이 주민처럼 군수님을 단독으로 만날 수 있냐, 사실 그것도 어렵거든요, 저희 구조상. (…) 아동·청소년들을 위해서 활동하는 어른들이 많이 필요하겠구나. 그래서 저희가 앞으로는 아동·청소년 권리를 위해서 시민들이 연대할 수 있는 기구들을 활성화시키고, 그분들을 통해서 아동·청소년들의 어떤 입장들을 좀 더 대변하게끔 하고 목소리를 높이게 하는 게 앞으로 우리 완주군의 방향성이지 않을까 생각을 하고 있습니다.

- 완주군 공무원 A

자원은 한정되어 있고, 그 자원을 효율적으로 쓰는 것은 행정의 주된 책무이다. 다만, 효율성의 목표는 행정 편의가 아니라, 아동인권을 포함한 모든 사람의 인권 보호와 증진이다. 시민은 민주주의 체제의 주권자이며, 시민의 안녕을 위해 공권력과 정치가 존재하기 때문이다.

완주군의 아동옴부즈퍼슨 사무소는 이러한 행정 기능에 공헌한다. 아동인권을 통합적 관점에서 인식하고, 아동정책 범주를 재정립할 수 있는 기준을 제공하며, 구조화를 촉진한다. 정치적 의사결정에서 아동이 소외될 가능성이 더 높다는 점을 고려할 때, 아동의 권리에 초점을 둔 인권기구 발달은 아동 최상의 이익을 도모하는 최선의 접근방식이다.[20]

유일하게 완주만 독립적인 공간이에요. 저는 이게 주는 힘이 굉장히 크다고 생각이 돼요. 독립적인 공간이 주는 힘. 독립적인 권한이 있고 독립적인 지위가 있고 그런 게 다 갖춰지면 좋겠지만, 독립적인 공간이 있는 것만으로도 할 수 있는 범위가 굉장히 늘어난다. 그러니까 아동·청소년의 인권과 관련된 다양한 문제들이 모일 수 있는 공간이 있다는 게 생각보다 큰 힘이라는 생각이 들고, 시간이 지나면서 나중에는 아동정책을 결정하는 데도 영향을 미칠 수 있다고 생각이 돼요.

— 완주군 아동권리 옴부즈퍼슨 B

---

20 유엔 아동권리위원회(2002), "일반논평 제 2호: 아동인권 보호와 증진에 있어서의 독립적 국가인권기구의 역할", 제 5~6항.

한 예시로 자전거 활성화 계획 수립 같은 것도 우리 청소년들한테 굉장히 요구들이 많고 주민들도 요구가 많은데, 도시개발과에서 자전거 활성화 계획 수립 기본 계획을 수립하는데 저희도 모르는 경우가 있어요. 그러면 우리 청소년들도 따로 정책을 제안하거나 문제점들을 권고하는 것들이 상충되다 보니까, 아무래도 영향평가 안에다가 기본 계획들을 담아서 (옴부즈퍼슨) 사무소가 검토해서 그것들을 조정하는 기능들을 강화시키는 게 좋지 않을까. 앞으로 영향평가를 어떻게 좀 더 질적으로 만들어 갈까 그런 고민들이 있습니다.

- 완주군 아동권리 옴부즈퍼슨 B

생명 · 생존 및 발달: 아동을 위해 열린 장소

아동에게 기꺼이 열려 있는 지역사회 장소는 아동의 사회화를 돕고, 사회적 포용을 실천한다. 그곳이 아동의 의견을 듣고 행정과 소통할 수 있는 조직이라면 더욱 의미가 커진다. 인근 학교 학생들이 완주군 아동옴부즈퍼슨 사무소를 찾아와 그들의 바람을 표명했고, 학교와 지역 관계기관들이 협력해 아동의 활동 반경을 넓힌 사례를 보자. 단순히 학교 밖 어딘가를 갈 수 있다는 의미를 넘어, 아동에게 안전한 곳곳이 늘어난 결과였다. 학교 안 실내 활동에 국한된 돌봄이나 교육보다 더 광범위한 발달에 도움이 될 것임은 분명하다.

인근에 초등학교가 두 곳이 있는데 그 학교 중에 한 곳이 방과 후 수업 시범학교라서, 학교에서 저녁 8시까지 보내는 형태로 운영되고 있는데, 그 아이들이 그런 문제를 제기했어요. 학생회 친구들이 찾아와서 "우리 하루 종일 학교에 있는 거 너무 답답하다, 방과 후 수업을 밖에 나가서 하고 싶다." 그래서 저희가 지역에 관련된 기관, 단체들 모아서 우리가 열 수 있는 어떤 범위 내에서 해보자. 그래서 일주일에 하루는 방과 후 수업을 아이들이 밖에 나와서 해요. 이 사무소에 와서 하기도 하고요.

— 완주군 아동권리 옴부즈퍼슨 B

아동 참여와 의견 존중: 아동의 이야기를 듣는 현존하는 기구

완주에서 아동옴부즈퍼슨 사무소가 구상된 배경에는 아동의 접근성 제고에 대한 고민이 있었다. 아무래도 아동이 관청 문턱을 넘기에는 제약이 있으니까(사실 관계자 아닌 성인도 그렇듯이) 말이다. 완주를 비롯해 대부분 지자체에서 아동참여기구가 운영되지만, 참여 수준이 높은 편이 아니고, 군의 참여기구 담당자에 따라 아동 참여 가능성이 달라지는 현실이기도 하다. 따라서 아동을 위한 기구의 물리적 실체는 참여와 의견청취권 보장에 단연코 효과적 수단이다. 특별히 2층이 아닌 1층의 접근성을 확보하고, 아동을 포함한 지역 구성원과 함께 당면한 문제를 풀며 정책 개선을 꾀하는 완주군 아동옴부즈퍼슨 사무소 사례는 아동 참여의 실천을 보여 준다. 건물로 자리 잡은 조직이 있으니, 앞으로 발전을 기대하는 것도 조금 더 현실적이지 않은가.

처음에 제가 군청 1층에 민원센터 옆에다가 아동·청소년 사무소를 두려고 고민했었거든요. 근데 그 공간이 너무 협소하다 보니까 할 수가 없었고. 그러면 옴부즈퍼슨 사무소를 밖으로 빼되 (아동인권 관런) 민원센터를 같이 넣자. 그런 이유 때문에 1층에 민원센터가 들어온 거예요.[21] (…) 정책 제안이나 권리 침해 같은 사안들이 민원센터로 들어오면 옴부즈퍼슨이 같이 관여할 수 있도록 하자.

- 완주군 공무원 A

권리 교육을 바탕으로 해서 아이들이 스스로 어떤 자각이 생기면, 민원센터를 통해서 민원 침해 사안에 대한 신고 조사를 받고, 그 이후에 그 건에 대해서 좀 더 심화된 조사가 필요하면 모니터링 활동을 통해서 저희가 현장에서 과정들을 직접 찾아보고, 이 과정들이 마무리되면 그것을 지자체 사업이라든지 정책에 반영하는 과정에서, 어떤 정책이나 조례나 이런 부분에 대한 영향 평가도 같이 진행하면서 그런 법적 틀도 만들어가는, 현재는 그런 과정으로 운영해 간다고 보시면 될 것 같아요.

- 완주군 아동권리 옴부즈퍼슨 B

아동인권교육과 아동권리협약의 보급

유니세프 아동친화도시 인증 요건에 해당하는 '아동인권교육'의 필요에 따라, 완주군에서는 군청 내부 종사자에 대한 아동인권교육이 꾸준히 진행되고 있었다. 도시계획, 부모교육, 아동학대 등 주제를 달리하면서 아동인권 원칙을 접목하는 다양한 시도가 이루어졌다. 아동인권이 세상을 이해하는 하나의 기준이라면, 세상 모든 주제와 아동

---

21 완주군 아동 옴부즈퍼슨 사무소는 2층에 있다.

인권은 맞닿을 수 있다. 그만큼 다양한 콘텐츠의 아동인권교육이 개발되는 것도 오늘날 필요한 과제일 것이다.

특별히 (아동청소년과로) 인사 이동돼서 받는 프로그램은 지금은 없고요. 그렇다고 아동인권교육이 의무교육에 속한 것도 아니고, 아동학대랑 장애인, 4대 폭력 등 의무 교육들이 있잖아요. 그런 것들을 통해서 아마 간접적으로 교육을 받는 것 같고, 아동친화도시 교육은 1년에 한 번씩은 해요. (…) 저희가 한 달에 한 번씩은 전 공무원들이 모이는 날이 있어요. 그때 아예 군수님이 끝나고 못 가게 해서 보통 한 400~500명씩 있으니까 30분에서 1시간 정도 하기는 해요. 1년에 한 번씩은 하고, 주제가 바뀌기는 하는데 그래도 대부분 아동인권에서 벗어나지는 않고, "아동친화도시 이해"가 될 수 있고, 제목은 바뀌어도 대부분의 내용은 아동인권이거든요.

- 완주군 공무원 A

서울 성북구청: 아동은 정책 수립과 추진에 최고의 파트너이다

서울 성북구에는 3개의 청소년 기관이 있다. 2013년 개소한 성북구 청소년상담복지센터, 2015년 청소년상담복지센터와 같은 공간에 개 소했다가 2021년 5월 이전 개소한 성북구학교밖청소년지원센터, 2023년 3월에 개소한 성북구석관청소년센터(청소년상담복지센터 분 소)가 여기에 해당한다. 청소년상담복지센터 분사무소 운영은 전국 최초이다. 아동에게 지리적 편의가 강화되었고, 그만큼 기관에서 추 진하는 활동 가짓수나 내용도 깊어질 수 있었다. 청소년 기관은 아동 의 목소리가 모이는 곳이고, 낮아진 문턱은 참여 활성화로 이어졌다.

유엔 아동권리위원회 일반논평 제12호
아동의 의견이 청취될 권리

11. 당사국은 아동이 자유롭게 의사를 형성하도록 장려하고 아동이 피 청취권을 행사할 수 있는 환경을 조성해야 한다.
12. 아동은 사안에 관련한 적절한 관점과 경험을 더하여 의견을 표현 할 수 있으며, 아동의 이러한 견해는 의사결정 및 정책결정, 법안이나 행정조치의 준비, 나아가 이에 대한 평가에까지 고려되어야 한다.
13. 이러한 과정을 보통 참여라고 부른다. 아동이 자신의 의견이 청취 되어야 할 권리를 행사하는 것은 이 과정의 필수요소이다. 참여의 개 념은 아동을 포함하는 것이 일시적인 행위에 그치는 것이 아니며 아동 의 삶과 관련된 모든 맥락에서 정책, 프로그램 및 조치의 개발에 대한 아동과 성인 간 치열한 의견교환의 출발점임을 강조한다.[22]

한편, 국내에서 최초로 유니세프 아동친화도시 인증을 받은 성북구는 아동참여에 특화된 경험을 보유한다. 광주광역시 교육청 학생의회 외에 전국 최초로 지자체 단위 어린이·청소년 의회를 구성한 곳이고, 아동·청소년 참여위원회도 있다. 아동·청소년 참여위원회는 주민참여예산제와 유사한 형태로, 참여위원회에서 제안된 사업을 추진하기 위한 약 1억 원의 구비 예산을 배정한다.

유엔 아동권리위원회는 아동 참여에 기반한 사회적 변화, 상호작용 및 대화 경험이 아동인권을 가장 효과적으로 알리는 것이라 하였다. 성북구의 아동 참여 정책은 그 자체로 아동인권에 대한 인식 제고이고, 아동과 지자체의 역량 강화라는 상호보완적 상승효과를 낳았다.

비차별: 소외된 집단의 아동을 포함한
모든 아동에 대한 차별을 없애는 경로

전국 청소년 시설 현황에서 확인할 수 있는 웹사이트에 따르면, 청소년상담복지센터 분소가 설치된 대다수 지역(가평, 남양주, 양산, 양주, 용인, 의정부, 이천, 인천, 포천, 화성)은 농어촌 환경으로, 대중교통 접근성에 상대적으로 제약이 큰 특성이 있다.[23] 반면에, 성북구는 인구가 밀집한 도시 지역이면서, 교통 편의도 상대적으로 확충된 여

---

22 유엔 아동권리위원회(2009), "일반논평 제 12호: 아동의 의견이 청취될 권리".
23 "정부 24-원스톱/생애주기/꾸러미 서비스-청소년 시설 위치찾기"에서 "청소년 상담복지센터-분소" 조회 결과. 남양주는 동부분소, 북부분소 2개가 있다.

건인데, 이곳에서 분소를 개소하였다. 지리적 접근의 편의는 아동이 더 쉽게 다가갈 수 있는 첫 단계이고, 지역사회 곳곳을 더 깊숙하게 들여다보고 찾아갈 수 있는 기회가 된다.

우리 구가 상담복지센터지만 3개의 독립된 기관을 운영하는, 아마 전국 최초가 아닌가 싶습니다. 규모가 크지는 않는데요, 그래도 지리적으로 상담을 받으러 오거나 여건이 어려운, 여기는 정릉에 위치하고 있는데 거기는 석관동에 있으니까. 소위 말하는 가깝고, 나눠져 있고, 교통편도 그렇고, 아이들이 접근하기가 조금 편하고 가까운 곳에 위치하고 있어서 지역적으로 아이들이 조금 다 다양한 활동을 할 수 있는 여건을 조성했다는 게 한 가지 큰 장점이고요.

- 성북구 공무원 A

〈사회보장급여의 이용·제공 및 수급권자 발굴에 관한 법률〉 제41조에 근거하여 전국의 시·군·구, 읍·면·동에서 설치 및 운영 중인 지역사회보장협의체는 민관협력 거버넌스에 기초한 사회복지전달체계 구축을 목표로 한다. 시·군·구 지역사회보장협의체는 지역 영유아, 아동·청소년, 여성, 노인, 장애인 등 사회보장 대상자 특성과 욕구를 기반으로 한 실무분과를 구성하거나, 지역 특수성을 반영한 대상별 분과(다문화가족분과, 여성가족분과, 노인분과 등) 운영을 통해 관계된 기관·법인·단체·시설 간 연계와 협력을 강화하면서, 협의체 운영에 활력을 도모할 수 있다. 아동·청소년 분과는 전국에 221개가 있고(2023년 9월 기준), 성북구에도 아동·청소년 실무분과가 운영되

고 있다. 마을 현안을 긴밀하게 다루는 지역사회보장협의체 아동·
청소년 실무분과는 협치의 마중물로서, 차별 격차를 좁히는 데 기여
하고 있었다.

> 지역사회보장협의체, 보건복지부에서 하는 법적인 분과가 있는데, 분
> 과는 이제 자치구마다 조금 다른데요. 저희는 특별히 아동·청소년 분
> 과를 하고, 그 분과 내에 계신 분들이 지역에서 이런 사업을 좀 했으
> 면 좋겠다고 제안하셔서, 오히려 복지정책과에 사업비를 요청해서 사
> 업비를 받고 또 어떤 거를 편성해 주기도 하고, 그렇게 토론회를 주최
> 하기도 하고…. 행정도 사람이 하는 일이라 사람이 어떤 생각을 갖고
> 어떻게 일을 하느냐에 따라서 이 지역에 있는 사람들한테 공공서비스
> 를 어떤 방향으로 제공하느냐도 많이 좌우하는 것 같아요.
>
> – 성북구 공무원 A

아동 최상의 이익: 거버넌스를 구축하는 사람, 장소, 마음

국내 아동정책의 가장 큰 한계는 행정 분절에 있다고 지적된다. 아
동은 연령 범위만 보아도 매우 광범위한 인구집단이다. 이러한 아
동 집단을 대상으로 하는 정책은 발달 단계별, 개별적 상황을 다각
적으로 고려한 섬세한 작업이 요구된다. 행정의 효율을 위해 주요
업무가 나누어져 있다면, 머리를 맞대어 역할을 나눌 수 있는 거버
넌스가 필수적이다. 거버넌스를 위해서는 조직과 구조의 변화, 인
적 구성 변화 모두 필요한 과제이지만, '성북아동청소년센터'가 갖
춘 물리적 근접성도 소통의 벽을 낮추는 유효한 수단이 되고 있다.

노원구가 지자체 중에서 최초로 아동보호전문기관을 직영으로 운영
하기 시작했고, 저희가 22년 10월부터 두 번째고, (…) 상담복지센터
가 있는 건물(성북아동청소년센터), 한 건물 안에 층을 달리해서 같이
있습니다. 그래서 관련 회의를 하거나 할 때, 상담복지센터장님이나
팀장님들이 오셔서 사례를 같이 논의하고 조언도 하고요, 그런 역할
이 시너지를 발휘하는 ….

– 성북구 공무원 A

생명·생존 및 발달: 아동이 드나드는 공공장소의 사용

다양한 연령대 아동들이 포괄적 범위의 공공장소를 이용하는 경험
은 시민사회 역량을 증진하고 강화하며, 아동이 스스로 권리를 가진
시민으로 정체화하는 데 도움을 준다.[24] 아동은 열린 문을 드나들며
존중감, 사회 일원으로 요구받는 책임의 형태를 배우고, 어른은 아
동과 함께 있는 시간을 통해 그들의 역할을 인지한다. 이용자의 필
요는 공간의 필요로 다다르게 될 것이다. 성북아동청소년센터 사례
처럼 아동을 우선순위에 두는 공간, 아동을 배제하지 않는 공간은
모두가 성장하기 위한 발판이라 할 수 있다.

아이들이 자유롭게 들락날락할 수 있는 그런 센터를 만들었으면 좋겠
다는 의미로 아동청소년센터가 생겼고요. 당시에 상담센터는 전국적
으로 있는 기관이었으니까 들어오게 되고, 거기에 도서관이 하나 들

---

24 유엔 아동권리위원회(2013), "일반논평 제17호: 휴식, 여가, 놀이, 오락활동, 문
화생활 및 예술에 대한 아동의 권리", 제38~39항.

어오게 되고, 자연스럽게 드림스타트라고 하는 취약계층 아동을 위한
팀이 거기서 업무를 하게 되고, 그러면서 아동보호팀이랑 아동보호전
문기관까지 (…) 1층은 휴카페라고 해서 아이들이 숙제도 하고 놀거
나 친구들도 만나는 자유로운 공간으로 직영 운영을 하고 있고요.

- 성북구 공무원 A

더욱이 오늘날 도시에 사는 아동·청소년들은 금전적 소비를 하
지 않는 한, 갈 곳이 많지 않다. 아동 출입을 금지하는 노키즈존도
있다. 아동을 대하는 사회의 관용이 줄어드는 현실에서, 아동을 위
한 장소에 투자하는 성북구 사례는 주목할 만하다.

놀터라고, 청소년들이 지낼 수 있는 공간을 성북구 내에 5개를 직영
으로 운영하고 있어요. 장소를 무상 임대받아서 하는 데도 있고, 학
교 일부 공간을 사용하는 곳도 있고, 전세 임대를 한 곳도 있고, 상황
마다 다르긴 한데 인건비, 운영비, 공과금, 시설 수리·유지비 등 예산
이 한 10억 원 정도 되나요? 아동·청소년의 놀 권리를 포함한 권리
를 실현하고자 재정 여건이 열악함에도 열심히 노력하고 있다고 자
부하고 있습니다.

- 성북구 공무원 A

주민자치 이념을 재정 분야에서 구현하는 주민참여예산제는 지방 거버넌스의 한 형태로서, 아동 참여권 보장에도 의미 있는 수단이 된다. 아동이 주민참여예산위원회 일원이 되거나, 주민참여예산 일부를 아동·청소년 예산으로 할당하는 방식을 예로 들 수 있다.

성북구는 후자의 모형으로, 아동이 제안한 정책 수립에 필요한 예산을 확보하고 있었다. 아동이 제안할 정책을 위해 예산이 준비되어 있으니, 아동의 참여는 동기를 촉진할 뿐만 아니라, 결과적인 실천도 낳는다. 참여 아동에게 제공될 아동인권과 지방자치에 대한 교육, 지역 현안을 살피고 의제를 발굴하는 훈련, 정책안 문서화와 발화의 전 과정도 아동의 권리 보장이면서 아동인권 증진의 결과를 가져올 수 있다.

해마다 3월이면 일단 초·중·고 아이들 모집부터 하고요. 그 아이들을 교육하고, 워크숍도 하고, 이런 식으로 운영을 계속하면서 아이들이 정책을 제안하고 발표를 하면, (…) 작년에도 44개 사업을 아이들이 제안했는데 그중에서 한 10개 정도가 마지막 투표 과정을 거쳐서 올라왔고, 거기서 6개 사업이 최종적으로 올해 하는 사업으로 결정되는 그런 과정을 거치면서, 민주적 의사결정 과정을 학습하고 자신이 제안한 사업이 그다음 해에 어떻게 실행되는지를 지켜보는 과정이죠.

— 성북구 공무원 A

성북구는 지속가능한 아동친화도시 추진 및 아동친화적 법체계 조성을 목적으로 2024년 7월 〈서울특별시 성북구 아동친화도시 조성에 관한 조례〉를 전부개정하였다. 어린이·청소년의회를 하나의 조례에 통합하고, 아동·청소년참여위원회 운영 근거를 마련하며, 아동친화도시 조성을 위한 단체장 의무를 구체화하였다. 조례 개정을 통해 아동권리협약 제12조의 이행을 촉진하였다 평가할 수 있다.

저희가 아동친화도시 조례가 따로 있고 어린이·청소년 의회 조례가 따로 있었어요. 아동·청소년참여위원회에 관련된 조례 내용은 없어요. 사업으로 진행했었는데, 그러면 이것도 우리가 함께 조례의 근거를 만드는 게 좋겠다. 그래서 의회 조례 폐지를 하고, 아동친화도시에 얹으면서 참여위원회까지 같이 들어가게 되고, 전부 개정이 되면서 (…). 이번 의회에 저희가 안건을 상정했기 때문에 아마 이달 말이나 다음 달 초에는 이제 공포가 될 것 같아요.

　　　　　　　　　　　　　　　　　　　　　－ 성북구 공무원 B

아동인권교육과 아동권리협약의 보급

더 큰 의사결정 권한을 갖는 이들의 변화는 조직 변화에 절대적 영향을 미친다. 아동정책 사례를 조사하기 위해 만난 여러 지자체의 모든 담당자가 아동정책을 추진·지속할 수 있는 결정적 요소는 부서장의 관심, 지자체장의 의지라고 말했다. 아동인권을 대하는 의사결정권자의 능동적 태도는 조직을 움직이게 한다. 공무원 대상 인권교육이 제도화되지 않은 현실에서, 성북구 고위직 공무원 대상 아동인권교육은 그래서 의미가 있다. 이해와 실천, 변화가 아동인권 증진에 연쇄적으로 작용했다.

상반기·하반기 2회 이상 아동인권교육을 유지하려고 하고 있고요. 저희는 일반 직원 말고도 5급 이상의 정책 결정자분들 대상으로 별도로 교육을 실시해요. 아동친화 정책 추진 과정에서 아무래도 관리자분들께서 방향을 조금 더 나은 방향으로 제시를 해주시고, 저희도 밑에서 서포트를 할 수 있는 부분이 많이 있기 때문에.

– 성북구 공무원 A

광구 서구청: 아동인권은 모든 것들과 연결된다

광주 서구가 코로나19 팬데믹 시기에 아동정책을 수립하게 된 배경은 기존 정책을 적극 활용하는 아이디어로 변모되었다. 대면 활동에 제약이 있고, 예산상 가용의 폭도 좁았던 상황에서, 각 부서에서 추진 중이던 사업들을 묶어낼 어휘를 찾은 것이다. 환경(Environmental), 사회(Social), 지배구조(Governance)의 영문 첫 글자를 조합한 "ESG" 가치를 반영한 아동정책들이 그 결과이다.

ESG는 지속가능성을 달성하기 위한 경영 전략 핵심 요소를 말한다. 광주 서구는 ESG를 실천하는 아동친화도시 조성을 위해 "아동과 함께 기후위기 극복(E), 아동을 위한 어른들의 행동(S), 아동에 의해 변화하는 행정(G)"이라는 3개의 주제로 정책을 추진하였다. 환경 분야에서 친환경 소재를 이용한 놀이터를 조성하고, 기후위기와 관련된 그림 공모전을 실시하였으며, 사회적 영역에서 아동학대예방 캠페인, 아동 가구 주거지원 사업 등을 추진했다. 거버넌스(지배구조)의 관점에서는 아동과 구민이 참여하는 놀이환경진단사업, 구정 참여단 등을 진행하였다. 지속가능경영 ESG는 현재와 미래를 살아가는 아동의 삶에 더욱이 부합하는 개념이었다.

광주 서구는 2015년부터 유니세프 아동친화도시 인증을 준비했고, 2017년 최초 인증, 2022년 상위단계 인증을 받았는데, 지나온 시간의 의미는 아동에게 우호적 지역사회의 태도로 확인된다. "아동인권"이라 말하지는 않아도 "아이들을 위해서 할 수 있다"는 부서의 협조적 태도, "아이들을 위해서라면 생각해 보겠다"는 동네 사람들의 반응이 있었기에 ESG 정책이 그려질 수 있었다.

유엔 아동권리위원회 일반논평 제26호
기후변화에 특별히 초점을 맞춘 아동권리와 환경

63. 아동은 깨끗하고 건강하며 지속가능한 환경을 누릴 권리가 있다. 이 권리는 협약에 내재되어 있으며, 특히 제6조에 따른 생명, 생존 및 발달에 대한 권리, 제24조에 따른 환경오염의 위험과 피해를 고려하면서 달성 가능한 최고 수준의 건강에 대한 권리, 제27조에 따른 적절한 생활수준에 대한 권리, 제29조에 따른 자연환경에 대한 존중을 발전시키는 것을 포함한 제28조 교육에 대한 권리와 직접적으로 연결된다.

66. 정보에 대한 접근, 의사결정에 대한 참여, 효과적인 구제책과 함께 아동 친화적인 사법 접근성을 포함한 절차적 요소는 교육 등을 통해 아동이 자기 운명의 주체가 될 수 있도록 권한을 부여하는 것과 동등한 중요성을 갖는다.

67. 당사국은 깨끗하고 건강하며 지속 가능한 환경에 대한 아동권리를 국내법에 통합하고 책임을 강화하기 위해 이행조치를 취해야 한다. 이 권리는 교육, 여가, 놀이, 녹지 공간에 대한 접근성, 아동보호, 아동의 건강 및 이주와 관련된 정책, 협약 이행을 위한 국가적 프레임워크 등 아동과 관련된 모든 결정과 조치에 주류로 반영되어야 한다.[25]

---

25 유엔 아동권리위원회(2023), "일반논평 제26호: 기후변화에 특별히 초점을 맞춘 아동권리와 환경".

비차별: 아동들, 그리고 특정한 아동 집단의 필수적 참여

일반적으로 아동은 생의 경로에서 여러 형태·복합적 차별을 겪으며 권리 행사에 어려움을 겪을 가능성이 더 크다. 따라서 사회 현상을 진단하고 개선할 때 아동의 존재성을 의식하는 것은 특히나 중요하다. 이는 단순히 아동만을 위한 검토가 아니라, 정책 한계를 극복하는 과정이다. 아동에게 발생한 곤란함은 아동을 양육하는 가정의 어려움이고, 이는 사회구조 불평등과 맞닿아 있기 때문이다. 행정의 주류화된 관점이 변화할 때, 아동인권은 부가적이고 번거로운 일이기보다, 자연스러운 책무로 와닿을 것이다. 그래서 광주 서구 아동정책 담당자는 "모든 구민"을 위한 정책이 "아동 구민"을 위한 정책이라고 강조했다.

모든 수혜자의 조건에 서구민이면 다 되는 건 분명 아동도 들어 있는 거거든요. 근데 그걸 아직 인지하지 못하시는 분들도 있고, 또 처음 해보실 수도 있으니까, '딱히 아동에게 주는 거 없는데'라고 하는 분도 있어요. 그러면 말씀드리죠. 저희가 예산서 다 뒤지고, 홍보 나왔던 사진, 신문기사 다 보면서 '그때 했던 사업, 아이도 수혜를 받았을 것 같은데 이거 적어 주실 수 있냐' 그런 식으로 취합을 해요.

― 서구 공무원 A

특히 소수자 아동이 겪는 사회적 장벽은 더 높다. 저소득가정 아동, 장애아동, 이주배경아동, 시설보호나 위탁보호 아동, 한부모가정이거나 조손가정에서 자라는 아동, 탈가정 청소년 혹은 학교 밖 아동들은 절대다수가 익숙한 사회와 다른 환경을 경험한다.

규범화된 사회화 요구는 이들 아동에게 적절치 않거나, 차별과 낙인을 가중할 수 있다. 장애아동이 이용할 수 없는 놀이터, 이주 아동이 읽을 수 없는 각종 안내자료, 학교에서 제공되는 건강 지원 서비스나 경제적 취약성에서 비롯된 기회 제약 등은 아동에 대한 차별이면서, 전 생애적 차별의 대물림으로 재생산된다. 따라서 정책 수립 단계부터 아동의 참여와 더불어, 더 소외되기 쉬운 아동의 참여를 확보하는 것은 아동인권 보장에 필수적이다. 차별의 폭을 좁혀가는 시간은 차별 가능성에 더욱 민감해지는 행정 변화로도 나타나지 않을까.

저희가 하는 모든 사업에 아이들을 투입하기 위해 어떤 노력을 했냐고 물어보시면, '구정 참여단'을 할 때는 서구 다문화가족센터(현 서구 가족센터)에 요청해서 다문화가정 아이들을 참여하게 해서 구정 참여단을 이끌었고요, 그래야 다문화가정 아동을 고려한 정책 제안이 나올 것 같아서. 또 '놀이터 의사'라고 해서, 놀이터를 직접 아이들이 진단해 보고 처방전을 준다 해서 그렇게 이름 지었거든요. 이렇게 고쳐졌으면 좋겠다는 의견을 줄 때 장애아동들 의견을 넣습니다. 장애아동의 의견을 포함하기 위해 저희 부서가 장애인 희망복지과 타 부서에 요청했고, 시설에 있는 선생님과 시설 이용 아동들도 함께 놀이터 진단 사업에 참여하도록 했어요. 다른 사업들 할 때에도 지역아동센터 이용아동, 공동생활가정 거주 아동들 다 참여하도록 했고요.

— 서구 공무원 A

공공기관의 모든 활동, 특히 아동에게 직간접적으로 영향을 미치는 모든 이행조치와 행정·사법절차에서, 아동 최상의 이익이 적절히 고려되고 지속적으로 적용되도록 보장할 의무는 정책 조정을 통해 구현된다. 관계된 행정 의무이행자들이 아동을 고려하고, 각자 역할을 재설정하는 과정이 되기 때문이다.

그러한 협력 기제는 궁극적으로 국가 자원 배분에도 영향을 미칠 수 있다. 이는 아동인권 가치를 실천하는 단계별 과정에서 의미 있는 첫 단추라고도 할 수 있겠다. 관내에서 계획되고 추진된 여러 정책이 갖는 아동인권의 의미를 드러내고, 모으고, 알린 서구 사례는 좋은 예이다.

모든 부서에서 ESG 가치를 반영한 사업들을 이미 하고 있었습니다. 그러니까 어찌 보면 다 하고 있던 걸 제가 이렇게 모아놨다는 의미로 보시면 될 것 같고요. 예를 들면 기후환경과에서는 아이들에게 기후 환경 교육을 꾸준히 제공하고 있었지만 ESG라는 단어를 쓰지 않았을 뿐이었고, 복지정책과나 복지급여과는 저소득층을 위한 사업들을 하면서 그중에 아이들의 꿈을 위해서도 별도 사업들을 추진하고 있었고, 참여권 증진을 위해서는 서구 의회에서 아이들에게 입법 활동에 견학을 시켜주면서 계속 참여권 가치를 반영하고 있었고. (…) 캠페인을 하더라도 아동학대 예방과 연계해서, 아이들의 생존권과 관련이 있고 보호권과 관련이 있다고요, 아동권리 캠페인도 같이 가고요. 그렇게 묶어서 다닙니다.
― 서구 공무원 A

생명, 생존 및 발달: 최상의 발달을 결정하고 이끄는 주체는 아동

아동에게 가장 좋은 것은 무엇인가? 그 답은 다른 사람이 알 수 없다. 당사자 아동이 알고, 당사자 아동이 알아야 한다. 설령 아동이 바랐던 그 방식이 최선이 아니었더라도, 결과를 받아들이며 권한 행사와 책임의 무게를 배울 수 있다. 인생에 정답은 없고, 만족의 결과는 행위 주체가 생각하고 판단하기 나름인 것이다. 주변 어른들은 그 결과의 무게가 아동에게 부당한 불이익이 되지 않도록 분담할 몫을 갖는다.

그러려면 아동을 둘러싼 세상 사람들이 아동인권을 알아야 한다. 나의 행위가 아동에게 미치는 영향력을 인식해야 한다. 즉, 아동의 총체적 발달은 삶의 주인인 아동을 빼놓고 도달할 수 없고, 아동인권의 원칙은 그 기준이 된다. 서구의 ESG 가치는 모든 아동이 최적의 발달을 달성하기 위한 지자체 책무가 어떻게 실천될 수 있는지 잘 보여 준다.

제가 아동친화 사업을 하다 보니 우리 아이들에게 주는 사업만큼은 이왕이면 ESG 가치가 포함된 사업이었으면 좋겠다. 아이들한테 제공하는 사업이니 아이들을 위해서 미래의 환경을 생각하는 사업을 했으면 좋겠고, 사회적으로 도움이 필요한 아이들에게 더 마음이 갔으면 좋겠고, 그다음에 지위라는 거버넌스 부분에서는 동등한 관계에서 아이들의 참여권을 증진시켜서 우리가 하는 모든 정책에 아이들의 의견을 담아서 했으면 좋겠다는 발상으로 처음에 시작하게 된 거고요.

(중략) 이미 하고 있었던 사업들이었기 때문에, 추진할 때 아이들

을 강조해 달라, 수혜자가 여럿이라고 하면 이왕이면 우리 아이들을 위해서 이 사업을 하는 걸로 홍보를 해줬으면 좋겠다, 그리고 저도 부모 된 입장에서 내 참여가 우리 아이들을 위한 거라고 이렇게 홍보가 된다고 하면 참여하는 분들도 가치 있지 않겠냐는 거를 부서에 설득했고, 그래서 많은 예산을 추가로 편성하지 않았지만 저희가 ESG 가치를 반영한 광주 서구형 아동 정책들이 많이 있어 보였죠.

- 서구 공무원 A

아동 참여와 의견 존중:
알리고, 듣고, 반영하고, 다시 알리는 참여의 과정

'말할 기회'를 주는 것만으로는 참여 보장이라 할 수 없다. '참여'란 상호 존중을 기반으로 한 아동과 성인 간의 정보공유와 대화를 포함하고, 아동은 그 과정에서 자신의 견해와 성인의 견해가 어떻게 고려되어 의사결정 과정의 결과를 형성하는지 배울 수 있다.[26]

정보 제공은 가장 기초적 요건이다. 이 정보는 특정 사안에 있어 견해를 가질 수 있는 일반적이고 추가적 정보 외에 아동이 자신의 의견을 자유롭게 표현하고 그 의견에 정당한 비중을 부여받을 권리가 있다는 정보, 어떻게 의견을 표현하고 참여할 수 있는지에 대한 정보, 그 참여의 범위와 목적 및 잠재적 영향에 대한 정보들을 아우른다.[27] 아동은 이러한 정보들을 쉽게 알 수 있고, 완전히 이해할 수 있

---

26 유엔 아동권리위원회(2009), "일반논평 제12호: 아동의 의견청취권", 제3항.
27 유엔 아동권리위원회(2009), "일반논평 제12호: 아동의 의견청취권", 제134 (a)항.

어야 한다. 아동이 알고 해석할 수 있는 정보는 사회 구성원 모두에게 친절한 정보이며, 모두의 인식 증진에도 도움이 된다.

> 저희가 작년에 그림 공모전을 했어요. 근데 '아동권리 그림 공모전' 하니까 이름이 너무 어려운 거예요. 너무 어려워서, 아동권리가 네 가지가 있으니 하나로 테마를 잡아 주자. 아동이 그리는 건데 너무 어려우면 저희도 어려우니까요. 그래서 생존권, 환경, 기후 환경으로, '슬기로운 지구인 생활'이라고 해서 지구 위기에 대처하는 지구인의 모습을 그려달라고. 그게 생존권이에요. 근데 생존권 하면 아무도 못 알아듣더라고요. 그래서 이렇게 풀이해서 하지만, 이건 다 권리 증진을 위한 사업이라는 것을 항상 같이 홍보하고 있고요.
>
> — 서구 공무원 A

한편, 참여권은 지속성을 속성으로 한다. 아동이 인지한 정보를 통해 자신의 견해를 형성하고, 그 의견을 표명하며, 어떻게 의견이 반영되었는지를 아는 것, 또한 의견이 반영된 결과를 점검하면서 당사자 아동의 의견을 다시금 확인하며 정책 보완점을 찾는 것, 계속하여 순환하는 과정이다. 발화자인 아동의 견해 표명도 한 보씩 나아갈 것이다. 구체적이고, 실질적이면서, 다른 아동 이야기에 귀 기울이는 성장이 동반될 수 있다.

서구는 놀이터 개선 사업을 하면서 아동 의견을 백서로 만들고 그 결과를 공원녹지과에 전달해 이후 개보수에 활용되도록 하였다. 그렇게 달라진 놀이터를 이용하는 아동은 만족 또는 아쉬움을 느낄 텐

데, 그 의견들이 잘 기록된다면 해당 놀이터는 지역 아동들의 이야기
가 깃든 더 좋은 공간이 되지 않을까. 시작의 의미가 참여의 순환으
로 확장되기를 기대해 본다.

> 어린이 놀이기구를 설치하고자 할 때나 놀이기구 개보수가 필요할 때
> 우리 아이들이 원하는 방향으로 해줬으면 좋겠다는 사업도 작년에 처
> 음으로 해봤었거든요. 주민과 아이들, 전문가를 구성해서 했어요, 서
> 구 전체의 놀이터를. 아이들은 어른들이 만들어 놓은 놀이터에서 놀
> 고 있잖아요. 아이들이 직접 어떤 놀이기구에 어떤 걸 고쳐줬으면 좋
> 겠다는 의견을 담아서 백서로 제작해서 공원녹지과에 전달했고, 놀이
> 터별로 정리가 되어 있으니, 앞으로 개보수할 때 아이들의 의견을 반
> 영할 수 있도록 그런 식으로 부서별로 도와주고 있고요.
>
> — 서구 공무원 A

아동인권교육과 아동권리협약의 보급

서구에서도 유니세프 아동친화도시 조성 조례에 근거하여 아동인
권교육이 시행되고 안내되고 있었다. 비대면 교육에 물리적 제약이
있는 만큼, 아쉽지만 비대면 교육을 활용하는 편이라고 했는데, 이
때 이수해야 할 소양 교육으로 아동인권교육을 듣도록 행정지원과
와 협력하는 방안이 인상적이다. 아동인권교육에 대한 자발적 욕구
를 만들고, 접근성을 강화하면서 실용성도 꾀할 수 있는 또 다른 방
식도 얼마든지 나타날 수 있지 않을까.

아동인권교육은 아시다시피 〈아동복지법〉이나 저희 조례에도 국가나 지방자치단체장의 책무로 해서 교육받을 수 있게끔 해야 된다고 되어 있어서 이전 아동친화도시 담당자들이 아동권리에 대한 교육을 전체 공무원들에게 했었어요. 전 직원 대상 교육을 꾸준히 매해 하고 있어요. 코로나 이전에는 대면과 비대면을 병행했어요. 아무래도 대면이 효과는 있지만 업무하면서 교육받기는 어려우니까 병행해서 대면 받으실 분은 대면 받을 수 있게 강사 초빙해서 큰 강의실에서 함께 해보기도 하고, 비대면으로 들으시면 저희한테 수료증을 제출하는 방법으로 해서 약간 강제 아닌 강제로 수료증을 받게 되니까 의무는 아니지만 한 번씩 챙겨봐 주시거든요. 저희 서구청에 공무원들이 1,100명 정도 되시는데 (교육을) 들을 수 있게끔 전체 부서에 공문을 발송하고 무료로 들을 수 있는 아동권리 교육 사이트들을 공문에 기재해서 들으실 수 있게 현재는 그 방법을 쓰고 있어요. 현재는 대면은 하지 않았고요. (…)

필수 교육도 있겠지만 소양 교육도 시간이 들어가기 때문에 1시간 정도 소요되니까 그걸 들으실 수 있게 안내해 드리고, 이 교육을 상시 학습 시간으로 인정할 수 있게 행정지원과에 협조 요청을 해서 수료증을 내신 분들은 필수 80시간, 연간 80시간 들어야 될 때 1시간을 인정해 주는 교육으로 해달라는 걸로 협조를 해놔서, 저희 구청에서는 그렇게 듣고 있습니다. 전 직원들이. 필수는 아니기 때문에 안 들으시는 분들도 있죠. 그렇지만 매해 안내를 드리니까 아무래도 이건 한번 들어 봐야 되는 교육인가 상기 시켜 주는 효과는 있는 것 같습니다.

– 서구 공무원 A

아동인권을 통해 세상 바라보기

"아이를 대하는 태도가 그 사회를 말해 준다."

– 넬슨 만델라

2022년 방영된 드라마 〈스물다섯 스물하나〉 주인공 중 한 명인 22살 백이진은 또 다른 주인공인 18살 나희도에게 말한다. "도움 청할 곳 있다는 건 네 나이가 갖는 특혜니까 누려. 놓치면 아깝잖아." (특혜란 표현이 다르게 들릴 수도 있겠지만) 최소한 나는 이 대사를 들으면서 정말로 그럴 수 있으면 좋겠다고 생각했다. 힘들 때, 어려움이 있을 때, 불편할 때, 고민이 될 때, 누구에게든 도움을 요청할 수 있는 아동과 그 요청에 기꺼이 답하는 사람들. 권리라 표현하지는 않았지만, 그것은 당연한 아동의 권리이고, 세상은 그 당연함에 부응해야 한다고 알려 주는 것 같았다.

아동이니까 차별을 받기 쉽고, 그래서 아동이 잘 자랄 수 있으려면 사회의 보호가 필요하다고 말하지만, 그 방식이 많은 경우에 어른의 시선에서 결정되는 '여전한' 세상이다. 1923년 방정환 선생이 "어린이를 내려다보지 마시고 치어다보아 주시오"라고 선언한 지 100년이 지났고, 1989년 아동권리협약이 채택되고 1991년 한국이 아동권리협약을 비준한 지 30주년을 훌쩍 넘겼음에도 말이다. 교육과 훈육을 명목으로, 아동의 목소리보다 어른의 생각에 정당성이 더 쉽게 부여된다. 아동은 배워야 하는 존재이고, 아동의 선택은 어른들보다 바람직하지 않을 가능성이 더 높다고 믿는 것 같다.

다만, 이 사회에서도 아동이 독자적 인격체라는 사실에는 어느 정도의 공감대가 형성된 것으로 보인다. 아동의 '독자성'에 대한 공감에 아동의 독립성, 주체성, 고유성에 대한 인식 격차는 있을지언정, 아동이 부모와 분리된 존재, 또래 집단의 개별 아동이 저마다 다른 존재, 환경에 상당한 영향을 받으며 저마다 다르게 자라는 존재라는 점에는 고개를 끄덕일 것이다. 이때, 아동권리협약과 협약 일반원칙의 존재는 다음 단계로 나아가는 데에 유효한 역할을 할 수 있다.

이런 상황을 상상해 보자. 만 2~3세의 영유아가 병원에서 가만히 앉아 기다리지 못하고 이리저리 몸을 움직이다 진료실 문턱을 넘어 들어갔다. 물론, 아이와 동반한 양육자가 방관한 것은 아니다. 아이가 행여나 다른 이에게 불편을 주진 않을까, 병원 기물을 훼손하진 않을까, 따라다니며 예의 주시했더라도, 아이를 제때 붙잡을 타이밍을 놓쳤다. 이때 병원 관리자인 의사나 간호사들은 대개 양육자에게 말한다. "여기 못 들어오게 해주세요, 아이 데리고 나가주세요"라고.

그 상황이 조금 다르면 어떨까. 아이가 진료실을 빼꼼 들여다보는 순간 의사가 아이에게 직접 여기 들어오면 안 되니 밖에서 기다려 달라고 말한다. 아이에게 지켜야 할 규칙을 알려 주는, 정보를 건네는 사회적 보호자인 셈이다. 아이가 진료실에 발을 들이밀기 직전에, 근처에 있던 간호사가 아이 손을 잡아 줄 수도 있었겠다. 병원에 아이들이 놀이할 수 있는 별도 공간이 마련되었다면 진료실에 호기심을 보일 아이들의 시선을 돌리는 데 도움이 되었을 것도 같다.

아동권리협약 일반원칙에 대입해 보면, 아무리 어린 아동에게라도 눈을 맞추고 사회 규범을 알려 주는 태도는 비차별의 실천이다. 양육자와 주변 사람들이 아동의 움직임을 함께 살필 수 있는 병원의 인적 환경은 발달권 맥락에서 해석할 수 있다. 아동을 위해 마련된 병원 내 놀이 공간은 아동 최상의 이익이고, 아동에게 우호적인 공간과 사람들의 태도는 아동의 참여권 보장으로 볼 수 있다.

다른 예로, 교실에서 자는 학생을 깨울 수 없는 교사의 어려움을 살펴보자. 피곤한 학생의 쉴 권리를 방해해서는 안 되고, 행여나 깨우는 과정이 아동학대로 문제 될 수 있다고 한다.

그러나 해당 사안에서 가장 핵심적인 인권은 의무교육과 공교육에 대한 아동의 권리이다. 규범과 도덕 수준 모두에서 자는 학생을 깨울 교사의 권한이 인정된다. 학생이 불가항력으로 졸음을 참지 못하는 상황과 대놓고 엎드려 자는 상황은 다른 논의이다. 후자의 경우에 교사는 학생에게 도의적 요구로서 가르치는 사람에 대한 존중을 요청할 수 있고, 배움의 가치를 알릴 책임도 있다. 학생이 수업을 포기하지 않도록 독려하는 것은 **아동 발달을 지지할 교사의**

핵심적 역할인 것이다. 흔들어 깨울 수도 있고, 일어나라는 지시를 전할 수도 있겠다.

다만, 어떠한 방식이건 학생의 인격적 존엄성을 훼손해서는 안 된다는 **비차별 원칙**을 준수해야 한다. 여기에 학급과 학교의 약속을 함께 수립하는 절차는 아동 최상의 이익과 **참여권** 보장의 중요한 전제이다. 아동기의 사회화는 확립된 관행과 규범을 배우는 것뿐만 아니라, 스스로 규범을 만들고 실천하는 주체화 과정에서도 이루어지기 때문이다. 관련 사항을 준수하지 못했을 때의 책임도 약속되어 있어야 한다. 규범의 적절성은 민주적 절차와 수정 가능성으로 뒷받침된다. 단순히 학생의 무례함, 깨우지 못하는 교사의 어려움으로 현상을 진단하기보다, 아동 참여와 일반원칙의 각 항목에 입각해 대응점을 모색한다면 사고 전환에 도움이 될 수 있다. 학생과 교사, 학교 관리자와 보호자의 협조적 관계도 기대할 수 있을 것이다.

이처럼 일상적 사례에 일반원칙을 적용해 보듯, 아동을 위한 정책도 당연히 같은 회로를 거칠 수 있다. 아동권리협약 일반원칙을 매 건마다 접목해 보는 것이다. 먼저 이 정책에서 혹시나 배제되는 아동은 없는지, 다른 아동 집단이나 같은 집단 소수자 아동이 혹여나 겪을 불리한 사항은 없을지 **비차별**을 점검한다. 아동의 **온전한 발달**은 아동 입장과 위치에서 살핀다. 적절성 판단 기준은 정책 수립자의 사고와 경험이 아니라, 객관적으로 확인되는 아동의 상황과 추정되는 아동 의사이다. 정책 수립과 이행 전 과정과 결과에서 **아동 최상의 이익**도 검토한다. 여기에는 최선이라 여겼던 선택이 최선이 아니었을 때, 아동과 함께 어떻게 대응할지 계획하는 절차상 과정도 포함된다. 그리고 아동의 이야기를 직접 듣고 아동 관점에서 그 적용을 해석한다. 아동의 표정과 몸짓, 희로애락의 감정을 적극 수용하고, 전문가 도움으로 다양한 소통 지원책을 확보하는 노력도 수반되어야 한다.

성인 여성보다 여성 아동이, 저소득 계층에서도 저소득 가구 아동이, 장애인 중에서도 장애 아동이, 이주민 중에서도 이주 아동이, 또 성소수자 중에서도 성소수자 아동이 잠재적 차별과 부당한 대우에 더 많이 노출되어 있듯, 아동은 사회의 가장 작고 약한 존재이다. 따라서 아동인권을 통한 세상 바라보기에 익숙해진다면, 분명 세상의 인권 수준은 조금 더 나아질 수 있다. 아동권리접근을 실천하는 아동정책은 단연코 더 나은 세상을 만드는 마중물이다. 사회 균열과 틈새를 메우며 "정의로운 전환"을 함께 꿈꿀 수 있을 것이다. 이 책이 공공분야 종사자들에게 영감을 주고, 이들의 자부심을 높여, 앞으로 더 혁신적이고 창의적 아동정책들이 시도되기를 바란다.

대한민국 제 5~6차 국가보고서에 대한 최종견해*

유엔 아동권리위원회

I. 개요

1. 위원회는 2019년 9월 18일과 9월 19일 열린 제 2416차 및 2417차 회의(CRC/C/SR. 2416 및 2417 참조)에서 대한민국 제 5~6차 국가 보고서(CRC/C/KOR/5~6)를 심의하였고, 2019년 9월 27일 열린 제 2430차 회의에서 본 최종견해를 채택하였다.

2. 위원회는 당사국의 제 5~6차 국가보고서 제출을 환영한다. 다양한 분야의 전문가들로 구성된 당사국 대표단과 건설적 대화를 나눌 수 있었던 것에 대해서도 감사를 표한다.

---

* 2019년 9월, 유엔 아동권리위원회는 대한민국의 아동권리협약 이행에 따른 우려 사항과 권고를 담은 최종견해를 채택하였다. 최종견해는 아동권리협약을 비준한 국가가 아동인권 증진을 위해 노력할 때 어떠한 지향점을 가져야 하는지 실질적 인 지침을 제공한다. 다음의 제 7차 보고와 심의가 시작될 때까지, 우리나라의 아 동권리협약 이행을 위한 최소한의 과제에 해당하는 것이다. 그리고 서문과 맺음 말에서 밝혔듯, 이 책은 공공에서 아동과 관련한 일을 하는 담당자들에게 참고가 되기를 바라는 목적에서 작성되었다. 따라서 앞의 글과 함께 현재 우리나라에게 부여된 책무의 구체적 내용을 함께 살펴보길 바라며 부록으로 담았다.

II. 당사국이 취한 후속조치 및 성과

3. 위원회는 다음을 환영한다.

(a) 2015년 〈국제연합 초국가적 조직범죄 방지협약을 보충하는 인신매매, 특히 여성과 아동의 인신매매 방지, 억제 및 처벌을 위한 의정서〉 비준

(b) 2012년 〈국제적 아동탈취의 민사적 측면에 관한 헤이그 협약〉 가입

4. 위원회는 다음의 조치를 감사히 여긴다.

(a) 2014년 〈아동학대범죄의 처벌 등에 관한 특례법〉, 〈공교육 정상화 촉진 및 선행교육 규제에 관한 특별법〉, 〈학교 밖 청소년 지원에 관한 법률〉의 제정

(b) 아동권리보장원 설립

(c) 아동영향평가제도

(d) 온라인 출생신고제도

(e) 만 7세 미만 아동에 대한 아동수당지급제도 도입

III. 주된 우려사항 및 권고사항

5. 위원회는 협약이 보장하는 모든 권리의 불가분성 및 상호의존성을 상기하며, 본 최종견해에 포함된 모든 권고가 중요함을 강조한다. 특히 비차별(para. 17), 생명·생존 및 발달의 권리(para. 20), 체벌을 포함하는 아동에 대한 폭력(para. 27), 성적 착취 및 학대(para. 29), 교육 및 교육의 목표(para. 42), 그리고 소년사법 운영(para. 47) 등의 분야에서 시급한 조치가 필요하다고 판단한 위원회의 권고에 당사국이 주의를 기울이기를 바란다.

A. 일반이행조치 [협약 4, 42, 44(6)조]

유보

6. 위원회는 당사국이 협약 제21조 (a)항의 유보를 철회한 것을 환영하며, 제40조 (2)항 (b)(v)의 유보철회를 신속하게 처리할 것을 촉구한다.

법 제정

7. 낙태 금지가 헌법에 합치되지 않음을 선언하며 2020년까지 낙태 관련 법률 검토를 정부에 요청한 2019년 4월 11일 헌법재판소 결정을 환영하며, 위원회는 해당 법률이 아동의 최선의 이익 원칙에 부합하도록 보장할 것을 당사국에 촉구한다. 위원회는 또한 사법부, 검사, 그리고 변호사들의 협약에 대한 지식을 높이고, 그들이 재판절차에 협약을 인용하고 직접 적용할 수 있는 역량을 강화하도록 당사국에 권고한다.

포괄적인 정책 및 전략

8. 아동과 청소년 정책을 위한 기본계획과 인권보호와 증진을 위한 국가인권정책기본계획의 채택에 주목하며, 위원회는 이러한 아동 관련 정책 및 전략이 협약의 모든 영역을 아우르고, 계획의 이행, 모니터링 및 평가를 위한 충분한 인적·기술적·재정적 자원 할당을 보장하도록 당사국에 권고한다.

조정

9. 위원회는 당사국이 적절한 인적, 재정적 자원의 할당, 영구적 사무국 설치 및 아동권리 조정기구로서 위원회의 인지도 증진을 통해 아동정

책조정위원회의 권한을 더욱 강화할 것을 권고한다. 위원회는 조정에 관한 이전 권고(CRC/C/KOR/CO/3~4, para. 13)를 상기하며, 아동권리 사안을 다루는 모든 관계 기관들의 기능을 명확히 하여 중복되지 않도록 이전의 권고를 반복한다.

자원의 할당

10. 교육, 영유아기, 그리고 아동복지 사업 영역의 예산 증가와 아동·청소년 참여예산제 도입을 환영하나, 위원회는 당사국의 아동 관련 예산이 국내총생산(GDP)에 비례하여 증가하지 않았다는 점은 유감스럽게 생각한다. 아동권리 실현을 위한 공공예산 수립에 관한 위원회의 일반논평 제 19호(2016)를 참고하여, 위원회는 당사국에 다음의 사항을 촉구한다.

(a) 아동을 위한 모든 정책, 계획, 프로그램 및 입법 조치가 이행될 수 있도록 정부의 모든 단계에 걸쳐 적절한 재정적·인적·기술적 자원을 할당하고, 그렇게 할당된 자원의 활용을 모니터링하는 제도를 실행할 것

(b) 아동을 위한 예산 및 전반적인 사회복지지출을 국내총생산(GDP)에 비례하여 증가시키고, 지방자치단체 간 격차를 감소시킬 것

(c) 취약한 상황에 있는 아동을 위한 예산할당을 도입할 것

(d) 현존하는 아동·청소년 의회와 참여위원회를 포함하여, 예산 수립 과정의 아동참여를 강화할 것

(e) 아동의 권리 실현을 지원하는 부문의 재화 및 용역(상품과 서비스)의 가용성, 접근성, 그리고 품질을 보장하고, 뇌물수수나 특혜, 불규칙한 지급 등 부패를 척결하기 위한 노력을 강화하며, 공공조달 절차에서 책무성을 제고할 것

자료 수집

11. 협약의 이행을 위한 일반 조치에 관한 위원회의 일반논평 제5호(2003)를 고려하여, 위원회는 협약 전 분야에 걸쳐 연령, 성별, 장애(disability status), 지리적 위치, 출신 민족과 출신 국적, 사회경제적 배경 및 이주 배경 등에 따라 세분화된 자료를 수집하는 중앙화된 시스템(centralized system) 구축을 당사국에 촉구한다.

독립 모니터링

12. 아동권리 보호 및 증진에 있어서의 독립적 국가인권기구의 역할에 대한 위원회의 일반논평 제2호(2002)를 고려하여, 위원회는 당사국에 다음의 사항을 권고한다.
    (a) 아동권리위원회의 독립성 보장을 포함하여, 법적 지위를 확고히 할 것
    (b) 아동권리위원회의 진정 접수 및 조사 권한을 강화할 것
    (c) 정부 당국에 국가인권위원회의 인지도를 제고할 것
    (d) 정책권고의 이행을 조정하고 모니터링하는 국가인권위원회의 역량을 강화할 것
    (e) 국가인권위원회에 충분한 자원을 투입할 것

보급, 인식제고 및 훈련

13. 위원회는 학교 교육과정에 인권교육이 포함된 것을 환영한다. 그러나 협약에 대한 인식도가 특히 아동들에게 낮다는 점에 주목하며, 위원회는 인권교육 제공을 위한 법적 근거 마련 및 적절한 자원 할당을 포함하여 전국적으로 아동권리교육과 인권교육을 보장하고, 아동을 위해, 그리고 아동과 함께 일하는 직업에 종사하는 전문가들에게 의무적 훈련을 제공하도록 당사국에 권고한다.

국제협력

14. 위원회와 당사국 간 대화에서 제공된 정보로서, 당사국이 향후 10년 간 공적개발원조(ODA)를 증액할 계획이라는 점을 환영하며, 위원회는 당사국이 지속가능발전목표(SDGs)의 세부목표 17.2를 감안하여 ODA 규모를 국민총소득(GNI) 대비 0.7%까지 확대한다는 국제적으로 합의된 목표를 달성하고, 그러한 원조가 아동권리협약 및 아동권리협약 선택의정서를 준수할 수 있도록 보장하며, 아동권리에 우선순위를 두고, 당사국 및 해당 개발 협력 상대국에 대한 본 위원회의 최종견해를 국제개발원조 정책과 사업의 설계, 이행, 모니터링, 평가에 적절히 통합할 것을 권장한다.

아동권리와 기업부문

15. 위원회는 대한민국 기업들의 국내외 경영활동으로 인해 아동권리 침해가 발생하고 있다는 보고에 대해 우려를 표한다. 아동권리에 대한 기업 영역의 영향 관련 국가 의무에 대한 위원회의 일반논평 제16호(2013), 유엔 기업과 인권 이행지침 및 이전의 권고(CRC/C/KOR/CO/3~4, para. 27)를 고려하여, 위원회는 당사국이 국내외에서 활동하는 기업들을 위한 아동보호 프레임워크(child protection framework)를 수립할 것을 촉구한다. 그러한 프레임워크는 아동권리 침해를 보고하고 해결할 수 있도록 아동권리 영향평가, 모니터링 및 평가 체계를 포함하여야 하며, 모든 이해당사자가 아동권리 실현과 보호에 책임이 있음을 명확하게 해야 한다.

B. 일반원칙 (협약 2, 3, 6, 12조)

비차별

16. 위원회는 취약한 상황에 있는 아동을 위한 지원 조치를 환영하나, 2007년 이후 차별금지법안 채택이 여전히 이루어지지 않았다는 것에 우려를 표한다. 또한, 다음과 같은 사항을 우려한다.

    (a) 농어촌지역 아동, 경제적으로 취약한 아동, 장애아동, 이주아동, 다문화가정 아동, 탈북아동이 출생신고, 보육시설(childcare facilities) 이용, 교육, 보건의료서비스, 복지, 여가 및 국가가 제공하는 보호체계 접근에 차별을 경험하는 것

    (b) 학업성적에 근거한 차별이 학교에 만연해 있는 것

    (c) 한부모가정이 편견과 차별의 대상이 되는 것

    (d) 성적 지향(sexual orientation)에 근거한 차별 사례가 끊임없이 지속되는 것과 당사국이 성소수자(young lesbian, gay, bisexual, transgender, intersex persons) 관련 정책이 불충분하다고 언급함으로써 이를 인정한 상황인 것(CRC/C/KOR/5~6, para. 36)

17. 차별적인 법규, 정책, 관행을 철폐하고 이와 관련한 적절한 법, 정책, 활동을 증진하는 등의 노력을 포함하여 평등한 기회를 보장하고 결과의 불평등을 감소시킨다는 지속가능발전목표(SDGs)의 세부목표 10.3을 감안하여, 위원회는 차별금지법을 신속하게 제정하고 해당법이 출신지, 성적 지향 및 성 정체성에 근거한 차별을 금지할 것을 당사국에 촉구한다. 또한, 당사국에 다음을 권고한다.

    (a) 포괄적인 차별금지법 제정 및 전략을 시행하고, 취약하고 소외된 상황에 있는 아동에 대한 차별 방지 및 근절을 위한 대중 캠페인을 시행할 것

    (b) 당사국 영토 내에 있는 모든 아동이 동등하게 출생시 등록되고, 보육시설, 교육, 보건, 복지, 여가, 그리고 국가 지원에 접

근할 수 있도록 보장할 것

    (c) 학교에서 학업성적에 근거한 차별을 방지하고 근절할 것

    (d) 양육비 접근 등에 있어 모든 가정에 동등한 대우를 보장하고, 이에 따라 관련 법 및 관행을 점검할 것

아동의 최선의 이익

18. 위원회는 아동영향평가제도 수립을 환영한다. 아동의 최선의 이익을 최우선적으로 고려할 권리에 관한 위원회의 일반논평 제14호(2013)를 고려하여, 위원회는 아동의 최선의 이익을 모든 관련된 재판절차, 의사결정, 정책 및 프로그램에 우선적 고려사항으로 반영하며 일관성 있게 해석하고 적용해야 한다는 이전의 권고들을 당사국에 상기시킨다. 또한 당사국에 다음을 권고한다.

    (a) 폭넓은 아동참여와 함께 아동영향평가제도의 적용을 확장할 것

    (b) 모든 분야에서 아동의 최선의 이익을 결정하고 우선적 고려사항으로 적절한 비중을 부여하는 절차 및 기준을 개발할 것

생명, 생존 및 발달의 권리

19. 위원회는 '자살예방 국가 행동계획' 수립에 주목하는 한편, 대한민국 아동 사망의 주요 원인인 높은 아동 자살률, 특히 가정 문제, 우울증, 학업 부담, 집단 괴롭힘 등으로 인한 자살에 심각한 우려를 표한다. 이러한 현상 및 그 근본원인 해결을 위한 체계적인 접근과 예산이 부재하다는 점과 함께, 위원회는 다음 사항들을 우려한다.

    (a) 가습기 살균제가 초래한 건강상 피해에 대한 불충분한 지식

    (b) 학교 및 보육환경(childcare settings)의 미세먼지와 석면에 대한 불충분한 모니터링

    (c) 가습기 살균제로 인한 수많은 건강 피해 및 피해자들에 대한 불

충분한 구제와 배상

20. 위원회는 앞서 권고했듯, 포괄적 정책, 심리적·교육적·사회적 조치, 아동과 가족, 나아가 일반 대중을 대상으로 하는 치료를 통해 아동 자살을 효과적으로 예방하고, 그 근본원인을 해결하기 위한 노력을 강화할 것을 당사국에 촉구한다. 또한, 다음을 권고한다.

(a) 가습기 살균제가 초래하는 건강상 피해를 조사할 것

(b) 모든 보육환경과 교육환경의 실내 공기 질 및 유해물질 노출 모니터링을 지속할 것

(c) 가습기 살균제 피해 아동에게 충분한 구제와 배상을 제공하기 위한 노력을 지속하고, 화학물질 관리 및 유해물질 관련 사건 예방을 위한 노력을 강화할 것

아동의 견해 존중

21. 위원회는 현재 발의된 가사소송법안(2017)이 만 13세 미만 아동에게도 의견진술권을 확대한다는 점에 주목한다. 그러나 아동의 참여는 여전히 선택적이고, 특정 주제에 제한되며, 학업성적을 조건으로 한다는 점, 그리고 아동의 견해가 고려되는 경우는 거의 없다는 사실을 유감스럽게 생각한다. 아동이 의견을 진술할 권리에 관한 위원회의 일반논평 제12호(2009)를 고려하여, 위원회는 아동의 견해가 그들과 관련된 가정, 학교, 법원 및 관련 행정 절차와 기타 절차에서 정당하게 고려될 수 있도록 보장할 것을 당사국에 촉구하며, 이에는 다음의 사항을 포함한다.

(a) 학업성적과 상관없이 학교 내 모든 아동에게 자신의 견해를 표현할 기회를 보장할 것

(b) 이전에 권고했듯이[CRC/C/KOR/3~4, para. 35(a)], 〈아동복지법〉이 아동에게 영향을 미치는 모든 사안과 관련하여 자신의 견해를 자유롭게 표현할 아동의 권리를 규정하도록 보장할 것

(c) 발의된 가사소송법안의 신속한 개정을 포함하여, 아동과 관련된 모든 사안에서 견해를 표현할 아동의 권리에 대한 연령 제한을 폐지할 것

C. 시민권과 자유 (협약 7, 8, 13~17조)

출생등록

22. 위원회는 온라인 출생신고 및 통보제도 도입을 환영한다. 출생등록을 포함하여 모든 사람에게 법적 신분을 부여하는 것에 대한 지속가능발전목표(SDGs)의 세부목표 16.9를 감안하여, 당사국에 다음을 촉구한다.
   (a) 부모의 법적 지위 또는 출신지와 관계없이 모든 아동이 온라인 출생신고를 포함한 출생신고를 보편적으로 이용할 수 있도록 보장할 것
   (b) 모든 아동이 출생 직후 등록될 수 있도록 미혼부가 그들의 자녀를 등록하는 절차를 간소화할 것
   (c) 모니터링 체계 수립 등 미등록 출생아동 파악을 위해 필요한 모든 조치를 취할 것
   (d) 출생등록의 중요성에 대한 인식 개선 캠페인을 실시할 것

정체성에 대한 권리

23. 위원회는 종교단체가 운영하면서 익명으로 아동유기를 허용하는 '베이비박스'를 금지하고, 병원에서 익명으로 출산할 가능성을 허용하는 제도의 도입을 최후의 수단으로 고려할 것을 당사국에 촉구한다.

24. 위원회는 모든 아동이 학업성적과 상관없이, 그리고 보복에 대한 두려움 없이, 표현의 자유를 온전히 행사할 수 있도록 법률 및 학교 규칙을 개정할 것을 당사국에 재차 권고한다. 또한, 아동참여를 증진하고, 현재 만 19세로 규정된 선거연령 및 정당 가입 연령 하향을 고려하도록 권고한다.

사생활에 대한 권리

25. 위원회는 학교가 학업성적, 징계조치와 같은 학생의 개인정보를 공개하고, 학생의 사전동의 없이 소지품을 검사하며, 복장 제한을 시행하고 있다는 보고에 주목한다. 이에 위원회는 학교에서 아동의 스마트폰을 포함한 사생활 및 개인정보 보호를 협약 제16조에 따라 법과 실제에서 보장하고, 사전동의를 수집함에 있어 아동 친화적인 절차를 개발하고 적용할 것을 당사국에 권고한다.

D. 아동에 대한 폭력 [협약 19, 24(3), 28(2), 34, 37(a), 39조]

체벌을 포함한 폭력

26. 〈아동학대범죄의 처벌 등에 관한 특례법〉 제정과 함께 아동학대 예방을 위한 예산 증액 및 지역아동보호전문기관, 학대피해아동 쉼터의 수 증가, 심리치료사 전문인력 증원은 환영하지만, 위원회는 다음에 대해 지속적으로 우려를 표한다.
    (a) 온라인 폭력 및 학교폭력을 포함한 높은 아동학대 발생률
    (b) 가정 내 재학대 방지를 위한 효과적 대책 부재로 인한 높은 재학대 발생률
    (c) 특정 환경에서 여전히 체벌이 합법이라는 점
    (d) 아동학대의 과소보고

(e) 아동학대에 대한 신뢰할 수 있는 자료의 부족

(f) 아동에 대한 모든 형태의 폭력 및 학대 해결을 위한 포괄적 정책과 전략의 부재

(g) 아동학대 관련 전문성 있는 지역아동보호전문기관, 학대피해아동쉼터, 상담사, 심리학자, 변호사의 부족

(h) 학대 피해 이주아동 및 장애아동을 위한 쉼터 등을 포함한 전문적인 지원 부족

27. 모든 형태의 폭력으로부터 자유로울 아동의 권리에 관한 위원회의 일반논평 제13호(2011), 신체적 체벌 및 기타 잔혹하거나 굴욕적인 형태의 처벌로부터 보호받을 아동의 권리에 관한 일반논평 제8호(2006), 아동을 대상으로 하는 학대, 착취, 인신매매와 모든 형태의 폭력 및 고문 종식에 관한 지속가능발전목표(SDGs)의 세부목표 16.2를 참고하여 위원회는 당사국에 다음을 권고한다.

(a) 모든 아동에 대한 모든 폭력 및 학대 사건의 국가 데이터베이스를 구축하고, 해당 사건의 규모, 원인, 특성에 대한 포괄적 평가를 실시할 것

(b) 온라인 폭력을 포함하여 아동에 대한 모든 형태의 폭력 및 학대를 방지, 근절 및 모니터링하기 위한 포괄적 전략과 행동계획을 수립할 것

(c) 당사국 영토 내 모든 환경의 법률 및 관행상의 '간접체벌'과 '훈육적(disciplinary) 처벌'을 포함한 모든 체벌을 명시적으로 금지할 것

(d) 모든 형태의 폭력과 학대에 대한 인식 개선 및 교육 프로그램을 강화할 것, 교내 비폭력 의사소통 및 갈등중재를 증진하고, 긍정적이며 비폭력적인 참여형 아동양육 형태를 촉진할 것, 폭력과 학대 신고를 장려할 것

(e) 심리적 학대를 포함한 폭력 및 아동학대 사건을 성인지적 관점을 고려하여 발견하고 적절히 대응하도록 관련 전문가를 양성할

것, 신고 지침을 수립할 것

(f) 폭력 및 아동학대 사건을 수사하고 적절히 대응하도록 보장할 것

(g) 아동학대 사건을 다루는 지역아동보호전문기관과 학대피해아동쉼터, 상담사, 임상심리사, 변호사의 수 증원, 아동 피해자들에게 무료 법률대리인 제공, 이주아동 및 장애아동의 학대피해아동쉼터 접근 보장 등을 포함하여 학대 예방, 피해아동의 회복 및 사회통합을 위한 프로그램과 정책 개발을 보장할 것

(h) 앞서 언급된 권고사항을 이행하고 지역 격차를 줄일 수 있도록 적절한 인적, 재정적, 그리고 기술적 자원을 할당할 것

성적 착취 및 학대

28. 위원회는 아동에 대한 성범죄의 범위를 확대하고 처벌을 강화하는 법 개정, 성폭력 방지 및 근절을 위한 정책적 조치, 그리고 재범 감소를 환영한다. 그러나 위원회는 다음의 사항에 대해 심각한 우려를 표한다.

(a) 성폭력 및 학대가 여전히 만연해 있으며, 온라인 아동 성매매 및 그루밍과 교사에 의한 성희롱이 급증하였다는 점

(b) 만 13세 이상인 아동은 동의능력 있다고 간주되어, 성적 착취 및 성적 학대로부터 보호받지 못하는 점

(c) 성매매를 자발적으로 했다고 고려되는 아동('대상아동')이 범죄자로 취급되며, 법적 조력 및 지원서비스 대상에서 제외되고 구금과 같은 '보호처분'의 대상이 되어 성적 착취를 당해도 신고를 단념하게 된다는 점

(d) 아동에 대한 성적 착취 및 성적 학대로 유죄 판결을 받은 성인 범죄자에게 보호관찰을 포함한 관대한 형이 내려지고 있다는 점

29. 위원회는 당사국에게 강력히 권고한다.

(a) 온라인 성매매와 그루밍, 그리고 교사에 의한 성희롱을 포함한

아동에 대한 모든 형태의 성적 착취 및 학대를 방지하고 대응하기 위해 필요한 모든 적절한 조치를 취할 것

(b) 온라인 그루밍을 정의하고 형사범죄로 규정할 것

(c) 미성년자 의제강간 연령을 상향할 것

(d) 성매매 및 성적 학대에 연관된('대상 아동') 모든 아동, 다시 말해 만 18세 미만의 모든 개인을 법률상 '피해자'로 명시하고, '보호처분' 폐지, 지원서비스 및 법적 조력 제공, 보상과 구제를 포함한 사법절차 접근성 보장 등을 포함하여, 범죄자로 취급하지 않고 피해자로 처우할 것

(e) 학교를 포함하여 인식 개선을 강화하고, 접근성이 높고 비밀이 보장되며 아동 친화적이고 효과적인 경로를 통한 성적 착취 및 학대 신고를 독려할 것

(f) 교사를 포함한 모든 성범죄자가 강요의 증거 유무와 상관없이 기소되고, 적절한 제재를 받도록 하며, 성범죄자들에 대한 처벌이 국제기준에 부합하도록 할 것

유해한 관행

30. 위원회는 이민자 공동체 내에서 아동의 결혼이 부모 동의만으로 승인될 수 있고, 그러한 이주 여아와 외국인 여아의 결혼사례가 보고된 것에 우려를 표한다. 위원회는 당사국이 예외 없이 조혼(child marriage)을 금지하고, 출신국과의 협력, 이민자와 난민을 위한 공적 등록 절차(civil registration procedures) 개설 등 이러한 관행을 예방하고 근절하는 데 필요한 모든 조치를 마련할 것을 촉구한다.

E. 가정환경 및 대안 양육
[협약 5, 9~11, 18(1) 및 18(2), 20~21, 25, 27(4)조]

가정환경

31. 위원회는 〈양육비 이행확보 및 지원에 관한 법률〉 제정과 더불어 무상보육, 맞벌이 부모의 유연근무제, 부(父)의 육아휴직 및 한부모가족 지원이 확대된 것을 환영하며, 당사국에 다음을 권고한다.
    (a) 〈영유아보육법〉 개정을 포함하여, 돌봄 서비스의 범위와 적절한 유연성을 늘리고, 모든 아동이 국적에 관계없이 보육시설 및 재정적 지원에 동등하게 접근할 수 있도록 보장할 것
    (b) 부(父)의 육아휴직 접근성 및 이용을 보다 촉진할 것
    (c) '면접교섭센터' 설치 확대 및 기타 대안적인 해결책 마련을 포함하여, 이혼 가정 아동의 면접교섭권을 보장할 것
    (d) 양육비에 대한 접근과 양육비 이행을 촉진 및 보장하고, 불이행에 따른 제재가 아동의 최선의 이익을 위태롭게 하지 않을 것
    (e) 한부모가족에 대한 편견과 차별 방지 및 근절을 위해 필요한 모든 조치를 취하고, 양육비 지원 자격도 그에 따라 개정할 것

가정환경 상실 아동

32. 당사국이 "아동의 대안양육에 관한 지침"(유엔총회 결의안 64/142, 부록)을 고려할 것을 요청하며, 위원회는 다음과 같이 권고한다.
    (a) 가능한 한 모든 아동의 가정 기반 양육을 지원 및 촉진하고, 가족과 함께 지낼 수 없는 아동을 위한 가정위탁의 질을 향상하고 확대하기 위한 적절한 인적·재정적·기술적 자원을 할당하며, 구체적인 탈시설계획을 통해 시설보호를 단계적으로 폐지할 것
    (b) 가정 내 아동학대의 근본원인을 다루고, 아동이 가출하는 사유를 찾고 이러한 현상을 예방 및 근절하기 위한 선별적이고 비징

벌적인 조치를 취하며, 가출 아동의 보호를 강화할 것
- (c) 아동의 필요, 최선의 이익 및 견해에 따라 아동의 연령과 성숙도를 고려하여 대안양육 배치를 결정하기 위한 적절한 보호장치와 명확한 기준을 마련할 것. 대안양육의 질에 대한 주기적 검토 및 진정절차에 대한 접근성을 보장할 것. 가족 재결합 지원을 강화하고 성년에 이른 양육시설 아동에 대한 지원을 강화할 것
- (d) 보호자 보호절차를 간소화하고 보호자의 보호 능력을 강화할 것

입양

33. 법원허가제 도입을 포함하여 입양을 규제하는 조치가 취해진 것을 환영하나, 위원회는 다음의 권고를 다시 한 번 당사국에 반복한다.
- (a) 아동의 최선의 이익이 모든 연령대에 있는 아동을 위한 입양절차에 가장 우선적으로 고려되고, 입양에 있어 미혼모의 자발적인 동의가 의무적일 것
- (b) 미혼모에 대한 부정적인 편견을 없애고 입양의 긍정적 이미지를 제고하기 위한 대규모 캠페인을 실시할 것
- (c) 절차상 불필요한 지연 방지 및 입양기관이 투명하게 운영되고 그들의 활동이 적절히 규제되도록 보장하기 위하여 필요한 조치를 취할 것
- (d) 파양된 사례를 포함하여, 입양아동의 사후관리 및 사후서비스를 강화할 것
- (e) 입양아동이 그들의 친생부모에 대한 정보를 찾고 적절하게 접근할 수 있는 권리가 있음을 알도록 보장할 것
- (f) "국제입양에서 아동의 보호 및 협력에 관한 헤이그 협약" 비준을 고려하고, 국제입양에 관한 법률안을 제정할 것

불법 해외이송 및 미귀환

34. 위원회는 "부모책임 및 아동의 보호조치와 관련한 관할, 준거법, 승인, 집행 및 협력에 관한 헤이그 협약" 및 "아동양육 및 기타 가족 부양의 국제적 청구에 관한 헤이그 협약" 가입을 권고한다.

수용자 자녀

35. 위원회는 수용자 자녀와 이들 아동의 접견권 보호를 위한 정책 도입을 당사국에 권고한다. 부모와 함께 교도소에 머무는 아동은 교육과 건강에 대한 권리를 포함하여 그들의 권리를 보장받아야 하며, 필요가 충족되어야 한다.

F. 장애, 기초보건 및 복지
[협약 6, 18(3), 23, 24, 26, 27(1)~(3), 33조]

장애아동

36. 위원회는 장애인을 위한 종합계획의 수립 및 교육, 훈련영역에서 전문인력과 예산이 증가하였음에 주목한다. 장애아동의 권리에 관한 위원회의 일반논평 제9호(2006)를 고려하여, 위원회는 당사국에 다음을 촉구한다.
  (a) 장애에 대한 권리기반 접근을 채택하도록 법과 정책을 검토하고, 모든 장애아동을 포용하도록 보장할 것
  (b) 난민신청 아동과 이주아동을 포함한 모든 장애아동을 위하여 재활 치료, 적절한 복지, 그리고 의료적 지원을 포함한 조기 발견 및 개입 프로그램을 전국적으로 제공하는 것을 보장할 것
  (c) 학교 기반시설과 체육·여가활동에 필요한 시설 제공, 통학 지원과 개별 지원을 위한 특수교사와 특수교육 보조원 배치 및 역량 강화 연수를 포함하여 모든 장애아동에게 통합교육을 제공할 것

(d) 장애아동이 사회적 낙인 및 차별을 받지 않도록 장애이해 및 인식 개선을 위한 캠페인을 강화할 것

건강 및 보건 서비스

37. 위원회는 미등록 아동에 대한 예방접종 확대를 환영한다. 달성 가능한 최고 수준의 건강을 향유할 수 있는 아동의 권리에 관한 위원회의 일반논평 제15호(2013) 및 재정위험보호, 양질의 필수 보건서비스에 대한 접근, 양질의 안전하고 효과적이며 적정가격의 필수 약품 및 백신에 대한 접근 등 모두를 위한 보편적 의료보험에 관한 지속가능발전목표(SDGs)의 세부목표 3.8을 참고하여, 위원회는 보건예산을 늘리고 지역 병원을 강화하라는 이전의 권고를 상기시키며, 다음의 사항을 당사국에 권고한다.
    (a) 특히 경제적 취약계층 아동 및 이주아동의 국민건강보험에 대한 보편적 접근권을 보장할 것
    (b) 이주아동의 예방접종 접근성을 개선할 것
    (c) 당뇨 및 비만 아동 등을 위한 어린이집과 학교의 보건의료 지원을 강화할 것

정신 건강

38. 당사국이 아동 자살에 대응하기 위한 조치에 주목하며, 위원회는 정신 건강과 웰빙(well-being) 증진에 관한 지속가능발전목표(SDGs)의 세부목표 3.4를 감안하여 자살예방과 그것의 근본원인에 집중하는 것을 포함하여 아동의 정신적 웰빙 향상을 위한 노력을 지속적으로 강화할 것을 당사국에 반복하여 권고한다.

청소년 보건

39. 청소년의 건강과 발달에 관한 위원회의 일반논평 제4호(2003) 및 청소년기 아동권리 이행에 대한 위원회의 일반논평 제20호(2016), 모든 형태의 영양결핍 근절에 관한 지속가능발전목표(SDGs)의 세부목표 2.2, 마약류와 알코올을 포함한 약물 오남용의 예방과 치료를 강화하고자 하는 지속가능발전목표의 세부목표 3.5, 성과 생식 보건, 생식권에 대한 보편적 접근 보장에 관한 지속가능발전목표의 세부목표 5.6을 참고하여, 위원회는 알코올 광고 규제 강화, 금연 공간 확대, 스포츠 및 신체활동 촉진, 약물 남용 예방에 대한 생활 기술 교육에 아동참여 독려 등 비만, 흡연, 음주 예방과 관련한 이전의 권고들을 상기시킨다. 또한, 위원회는 다음과 같이 권고한다.

(a) 위험군을 대상으로 하고, 구체적 지원 및 회복 서비스를 제공하기 위해 지역사회 청소년 통합 지원체계(CYS-Net)의 역량을 구축하여 문제적이고 과도한 스마트폰 사용에 대한 대책을 강화할 것

(b) 학교 내 성교육, 임신 중 및 출산 지원서비스, 산후 관리 강화와 육아 지원 보장, 부모의 동등한 육아 촉진을 포함하여, 청소년 임신을 효과적으로 다룰 것

생활수준

40. 만 7세 미만 아동에 대한 아동수당 도입을 환영하면서, 위원회는 당사국에 다음과 같이 권고한다.

(a) 국적에 상관없이 모든 아동이 아동수당을 이용할 수 있도록 보장할 것

(b) 빈곤층 아동에 대한 현황 조사를 실시하고 관련 통계자료를 수집하여 모든 아동의 생활수준을 향상시키는 것을 목표로 하는 빈곤층 아동 지원을 위한 기본계획을 알리고 채택하며 시행할 것

(c) 아동의 주거 빈곤 및 아동의 시간제 고용률을 사정하고 효과적
으로 다룰 것

G. 교육, 여가 및 문화 활동 (협약 28, 29, 30, 31조)

교육 및 교육의 목표

41. 위원회는 선행학습 관행(예: 진학을 위해 취학 전에 사교육을 받는 것)
을 근절하기 위한 〈공교육 정상화 촉진 및 선행교육 규제에 관한 특
별법〉 제정, 취약계층 아동의 입학 정원 확대, 자유학기제 도입, 학
교 밖 아동 지원을 환영한다. 그러나 당사국 아동 자살의 주요 원인
인 과도한 학업부담, 이로 인한 수면부족, 높은 수준의 스트레스에
대해 여전히 우려한다. 아동의 아동기를 사실상 박탈하는 지나치게
경쟁적인 교육 환경과 다음의 사항에 대해 심각하게 우려한다.
    (a) 부모의 소득에 따라 달라질 수 있으며, 유치원에서 시작되는 사
    교육 의존의 지속적인 증가
    (b) 취약하거나 소외된 집단 아동들의 교육에 대한 제한된 접근, 낮
    은 수준의 학교통합(school integration), 높은 학교 중퇴율
    (c) 한국 아동은 의무교육을 받을 권리가 보장되는 반면, 난민아동,
    이주아동 및 미등록아동의 학교 입학은 학교장의 재량에 따라
    거부될 수 있다는 점. 그리고 미등록아동의 제한적인 교육 서비
    스 접근성
    (d) 장애아동을 위한 특수학교가 지배적인 점을 비롯해, 장애아동
    에 대한 교육 기회 및 편의제공 부족과 장애아동이 직면한 사회
    적 낙인
    (e) 학교 밖 아동 및 대안학교에 다니는 아동에 대한 불충분한 지원
    (f) 농촌과 도시 지역 간 교육격차
    (g) 청소년 임신 및 HIV 감염률 증가와 관련하여 적절하고 연령에

적합한 성교육의 부족

(h) 아동의 견해를 고려하지 않은 불충분한 진로상담으로 중퇴에 대한 취약성 증대

(i) 널리 퍼져있는 학교 내 집단 괴롭힘과 학업성적 등과 관련된 차별

(j) 학업으로 뛰어나야 한다는 사회적 압박과 함께, 아동의 여가, 놀이 및 운동을 위한 시간이 부족하고 안전한 무료시설이 충분하지 않아 여가시간의 과도한 스마트폰 사용에 기여한다는 것

42. 교육에서의 성차별을 해소하고 장애인, 선주민, 아동을 포함한 취약계층이 모든 수준의 교육 및 직업 훈련에서 평등하게 접근하도록 보장한다는 지속가능발전목표(SDGs)의 세부목표 4.5를 참고하여, 위원회는 교육과정 다양화, 대학입시제도 재검토, 진로상담 강화 등을 포함하여 경쟁 완화라는 목표하에 교육의 목적에 관한 위원회의 일반논평 제1호(2001)에 부합하게 공교육 제도를 개선할 것을 당사국에 촉구한다. 또한, 위원회는 다음과 같이 권고한다.

(a) 사교육 의존도를 줄일 것. 공립 및 사립학교의 〈공교육 정상화 촉진 및 선행교육 규제에 관한 특별법〉 준수 여부를 모니터링할 것. 준수하지 않았을 경우 제재를 가할 것

(b) 모든 아동이 출신, 주거지, 사회경제적 및 이주 지위, 이주민으로서 등록 여부와 관계없이 의무교육을 보장받도록 〈교육기본법〉을 검토할 것. 부정부패와 남용을 방지하기 위해 사회통합전형에 따른 입학 정원 모니터링을 강화할 것. 사회적·경제적으로 취약한 아동, 농어촌지역 아동, 학교 밖 아동, 장애아동, 이주아동, 미등록 아동, 다문화아동 및 탈북아동을 포함한 취약하거나 소외된 상황에 있는 아동의 일반학교(mainstream school) 접근성과 통합을 보장하도록 이들을 위한 교육 지원을 강화하고

촉진할 것

(c) 장애아동을 위한 통합교육 및 합리적인 편의 제공을 보장하고, 장애이해 및 인식 개선을 강화할 것

(d) 학교를 중퇴하는 근본원인을 파악하고 효과적으로 대응하기 위한 노력을 강화하며, 이러한 현상의 규모를 평가할 것. 모든 아동이 지원을 받고 일반학교에 머무를 수 있도록 포괄적이고 체계적인 조치를 취할 것. 대안교실 및 대안학교에 대한 인식을 제고하고, 모든 대안학교가 인가를 받아 학력이 인정될 수 있도록 할 것

(e) 훈련에 대한 접근성 증진을 포함한 교사의 훈련 강화, 학교 기반 시설 개선과 예산 증액을 통해 지역 간 불균형을 해소할 것

(f) 청소년 임신 및 HIV/AIDS 예방에 특별히 유의하고, 성적 지향과 성 정체성을 적절히 포괄하여 각 연령에 적합한 성교육을 제공할 것. 그리고 학교 성교육 표준안에서 차별적이고 성 고정관념을 드러내는 표현을 삭제할 것

(g) 특히 학교 밖 아동에 특별히 주의를 기울이며 진로상담과 자유학기제를 강화 및 다양화하고, 아동의 견해가 진로 선택의 기초가 되도록 보장할 것

(h) 학업성적에 따른 차별을 포함한 학교에서의 차별을 예방하고 근절할 것. 차별혐의를 효과적으로 조사하고 다룰 것. 그리고 스트레스 완화 및 정서적 안정과 관련된 훈련을 제공할 것

(i) 사이버 괴롭힘을 포함하여 집단 괴롭힘을 근절하기 위해 예방, 조기 발견 메커니즘, 아동 및 전문가의 역량 강화, 중재 절차, 사례 관련 자료 수집을 위한 통일된 지침과 같은 조치를 강화할 것

(j) 아동 발달을 위한 핵심요소로서 휴식, 여가 및 놀이에 대한 관점과 태도를 전환하기 위한 인식제고 프로그램과 대중 캠페인을 실시하고, 모든 아동이 스포츠를 포함하여 휴식과 여가를 누리

는 것뿐만 아니라 놀이와 오락활동을 할 수 있도록 충분한 시간과 시설을 보장할 것. 이러한 시설은 안전하고, 대중교통 이용을 포함하여 접근 가능하며, 포용적이고, 금연구역이며, 연령에 적합한 시설일 것

H. 특별보호조치
[협약 22, 30, 32~33, 35~36, 37(b)~(d), 38, 39~40조]

난민신청 아동 및 난민아동, 이주아동

43. 위원회는 2012년 〈난민법〉 제정을 환영한다. 국제이주 맥락에서의 아동인권에 관하여 공동으로 채택한 이주노동자권리위원회의 일반논평 제3호와 제4호(2017)/아동권리위원회의 일반논평 제22호 및 제23호(2017)를 고려하여, 위원회는 당사국에 다음을 촉구한다.

   (a) 〈출입국관리법〉 개정 등을 통해 이주아동 구금을 금지할 것. 비구금형 대안을 보장할 것. 난민과 가족 재결합 문제에 있어 아동의 최선의 이익을 최우선으로 고려할 것

   (b) 난민 및 무국적 아동의 지위를 결정하는 절차를 개발할 것. 장기거주 이주아동의 지위를 규정할 것. 미등록아동을 포함한 난민신청 아동, 난민아동 및 이주아동의 권리에 관한 교육을 강화할 것

   (c) 보호자 미동반 아동 및 장애아동을 포함하여, 모든 난민신청 아동과 난민아동, 그리고 이주아동이 출생등록, 보육, 교육 및 관련 서비스, 정신적·신체적 보건의료, 건강보험, 경제적 지원과 주거지원, 여가, 학대받은 경우의 보호 및 지원서비스를 한국 아동과 동등하게 누릴 수 있도록 법적·관행적 장벽을 없앨 것

   (d) 보호자 미동반 아동의 보호에 각별한 주의를 기울이며, 아동권리협약에 부합하는 이주아동권리법을 채택하고 이행할 것

(e) 난민신청자 및 난민 중 특히 아동에 대한 혐오발언 근절 캠페인
을 전개할 것

(f) 미등록아동을 포함한 이주아동에 대한 자료 수집을 강화할 것

(g) 난민아동, 난민신청 아동 및 이주아동을 위한 예산을 배정할 것

아동노동을 포함한 경제적 착취

44. 위원회는 일하는 아동의 근로조건 개선 및 기업 감독을 위한 정책적
조치를 환영한다. 일하는 아동의 수가 여전히 많고, 그들의 노동권
침해 및 언어폭력이 빈번히 발생하는 점, 강제노동과 현대판 노예
제, 그리고 인신매매를 근절하고, 가장 가혹한 형태의 아동노동 금
지 및 근절을 보장하기 위해 즉각적이고 효과적인 조치를 취하며,
2025년까지 모든 형태의 아동노동을 없애고자 하는 지속가능발전
목표(SDGs)의 세부목표 8.7을 감안하여, 위원회는 당사국이 책무
성과 사회복귀를 위한 메커니즘을 수립함으로써 새로운 조치의 유
효성에 대한 점검과 보고를 강화할 것을 다시 한번 강조한다.

매매, 거래, 약취유인

45. 〈국제연합 초국가적 조직범죄 방지협약을 보충하는 인신매매, 특히
여성과 아동의 인신매매 방지, 억제 및 처벌을 위한 의정서〉 비준을
매우 환영하는 한편, 위원회는 당사국이 특히 온라인 모집을 통한 성
적 착취를 목적으로 하는 아동 인신매매의 발생지이자 경유지, 그리
고 도착지로 여전히 보고된다는 점에 주목한다. 다시 한 번 지속가능
발전목표(SDGs)의 세부목표 8.7을 상기시키면서, 위원회는 당사
국에 다음을 권고한다.

(a) 인신매매의 정의를 국제법에 맞게 정비하여, 강요, 대가, 피해자
의 초국가적 이동 요건을 삭제할 것

(b) 경찰, 출입국관리, 노동 및 사회복지 공무원의 훈련을 포함하여,

특히 취약계층 피해아동의 식별 및 위탁이 개선될 수 있도록 하고, 피해자 식별 지침을 이행할 것

(c) 아동의 인신매매, 불법거래 및 탈취가 효과적으로 수사되고, 가해자들이 기소되어 범죄의 심각성에 상응하는 형량이 부과되도록 하며, 인신매매 방지 전담조직과 인신매매 수사 및 기소를 위한 팀을 구성할 것

(d) 인신매매 또는 불법거래의 아동 피해자를 범죄자로 취급하거나 형사적 제재, 강제퇴거의 대상으로 삼거나, 폐쇄된 시설에 절대로 구금하지 말 것

(e) 남자아동, 외국인 아동, 장애아동을 포함하여 인신매매의 아동 피해자를 위한 쉼터 및 통합서비스 지원을 강화할 것

소년사법 운영

46. 위원회는 소년원 송치기간을 최종 결정의 집행기간에 산입하는 〈소년법〉 개정을 환영한다. 그러나, 다음을 우려한다.

(a) 법에 저촉된 아동 사건에 대한 처리절차와 처우의 두 가지 병렬 시스템의 존재

(b) 형사 미성년자 연령을 만 13세 미만으로 낮추는 개정안과 만 10세 이상부터 〈소년법〉에 따라 구금될 수 있는 것

(c) 범죄를 저지르지 않은 '우범소년'의 구금을 규정하는 〈소년법〉 제4조 제1항 제3호

(d) 조사단계부터 보조인 개입을 보장받지 못하거나, 자백을 강요당하거나, 증거 및 항소에 대한 접근성이 부재하거나, 무죄 추정의 원칙이나 방어권이 지켜지지 않거나, 재판이 언론에 보도되거나, 법률구조(法律救助)를 조건부로 규정하는 것을 포함한 공정한 재판을 받을 아동의 권리 침해에 대한 보고들

(e) 성인에 비해 높은 아동 구금률

(f) 과밀 수용, 불충분한 의료 지원, 교육, 훈련, 여가, 식사 제공, 특히 여아에게 적게 제공되는 식사량을 포함한 부적절한 구금 환경. 접견, 진정 및 야외활동 제한. 소수자 아동을 위한 합리적인 편의 부재. 구금된 성소수자 아동(young lesbian, gay, bisexual, transgender and intersex children)에 대한 차별

(g) 성인과 아동을 혼거수용하는 사례

(h) 구금된 아동에 대한 불필요한 DNA 및 HIV 의무검사. HIV에 감염된 아동 구금자의 격리. 구금된 아동에게 강제적인 신체검사와 이발. 그리고 지속적인 위생시설 촬영

(i) 독방 감금, 가족방문 제한 및 원거리 징계이송과 같은 재량에 따른 징계조치 남용

(j) 수갑, 포승, 기타 보호장치의 사용 및 법으로 금지되어 있음에도 불구하고 전기충격기를 사용하는 것

(k) 범죄 재발 방지를 위한 비구금형 조치의 부족

47. 위원회는 당사국에 다음을 촉구한다.

(a) 적절한 자원을 지원받아, 법에 저촉된 아동과 관련된 모든 사건을 다루는 아동사법전문법원을 설립할 것. 아동 전담 법관 및 법위반 아동과 함께 일하는 전문가들이 아동권리에 대한 적절한 교육과 지속적인 훈련을 받을 수 있도록 할 것

(b) 형사 책임 최저연령을 만 14세로 유지하고, 만 14세 미만 아동을 범죄자로 취급하거나 구금하지 않을 것

(c) 협약 제40조에 따라 공정한 재판 보장을 준수할 것. 아동 관련 사건의 공판에서 일반 청중을 배제하고, 재판 시작단계부터 아동의 법정 후견인 참여를 보장할 것. 침해(violations)를 보고함에 있어 비밀이 보장되는 경로를 제공·증진하고, 아동 관련 사건을 위한 언론보도 지침을 수립할 것

(d) 법적·관행적으로 법에 저촉된 모든 아동에게 조사단계부터 자

격을 갖춘 전문가의 법적 도움을 제공하고, 법률구조제도를 수립할 것

(e) '우범소년'에 관한 〈소년법〉 제4조 제1항 제3호를 폐지할 것

(f) 다이버전 제도(diversion programmes)를 위한 법적 근거를 마련하고, 비구금형을 촉진할 것

(g) 〈소년법〉에 구금의 명확한 근거를 마련할 것. 구금은 최후의 수단으로, 최소한의 기간만 사용할 것. 구금은 중단을 목적으로 정기적으로 검토할 것. '보호처분' 기간 및 '소년분류심사원 위탁' 기간이 최종 형기에 산입되도록 보장할 것. 구금에 항소할 권리 및 부당한 구금에 대한 배상권을 보장할 것

(h) 일시구금을 포함하여, 구금이 국제기준에 부합하도록 할 것(개인 공간, 남녀 모두에게 동등한 음식, 교육, 신체적·심리적 건강 서비스, 운동, 여가, 가족과의 접견 및 진정 제도 등 제공). 자유를 박탈당한 아동이 주거지에서 가까운 시설에 머물 수 있도록 할 것. 아동복지시설을 포함한 구금시설의 지속적인 모니터링을 보장할 것

(i) 아동이 성인과 함께 구금될 모든 가능성을 제거할 수 있도록 법을 개정하고 모든 효과적인 조치를 취할 것

(j) 근신실 및 이송을 징계적 조치로 사용하는 것을 폐지하고, 회복적 조치로 대체하고 촉진할 것

(k) 아동에 관한 무력 및 보호장비 사용을 규제하고, 그러한 사용이 특정한 상황에 제한되며, 비례적(proportional)일 것

(l) 구금된 아동의 사생활을 존중할 것. 구금된 아동의 DNA 수집 및 HIV 검사를 금지하고, 그것에 대한 모든 기록을 삭제할 것. HIV 정보는 비밀을 보장할 것. HIV에 감염된 아동 구금자를 격리하지 않을 것. 강제적인 신체검사와 이발, 그리고 계속적인 위생시설 촬영을 금지할 것

(m) 범죄 재발 방지를 위한 비구금 조치를 강화할 것

(n) 법에 저촉된 모든 아동을 국적, 장애, 성적 지향이나 성 정체성 등을 근거로 한 차별 없이 동등하게 대우하고 필요한 경우 합리적인 편의를 제공할 것

아동 매매·아동 성매매, 아동 음란물에 관한 선택의정서 후속 조치

48. 위원회는 아동 매매·아동 성매매, 아동 음란물에 관한 선택의정서에 따른 당사국의 최초 보고서에 대한 2008년 최종견해 (CRC/C/ OPSC/KOR/CO/1) 이행에 관한 정보가 충분하지 않음에 유감을 표한다. 이에 위원회는 이전의 권고를 반복하며 다음을 권고한다.

(a) 여행 및 관광에서의 아동 매매 및 아동 성착취를 포함하여, 선택의정서에 명시된 모든 행위 및 활동을 국내 형사법하에서 완전히 포괄할 것

(b) 선택의정서에 따라 범죄자 인도가 이루어질 경우, 쌍방가벌성 및 최소심각성(minimum gravity) 요건이 제외되어야 하며, 이것을 범죄자 인도의 법적 근거로 간주할 것

(c) 유죄를 선고받은 아동 성범죄자에 대한 해외여행 제한이 〈여권법〉에 따라 체계적으로 적용되도록 할 것

아동의 무력분쟁 참여에 관한 선택의정서 후속 조치

49. 위원회는 아동의 무력분쟁 참여에 관한 선택의정서에 따른 당사국의 최초 보고서에 대한 2008년 최종견해(CRC/C/OPAC/KOR/CO/1) 이행에 관한 정보가 충분하지 않음에 유감을 표한다. 이에, 위원회의 이전 권고를 상기시키며 특히 당사국에 다음을 권고한다.

(a) 만 18세 미만 아동을 군대나 비국가 무력단체에 징집하는 것 및

적대행위에 가담시키는 행위를 법적으로 금지할 것

(b) 분쟁지역 출신 난민신청 아동을 조기에 파악하기 위한 메커니즘을 수립하고 해당 아동에 대한 세분화된 자료를 수집할 것. 그리고 그들에 대한 신체적·심리적 지원을 강화할 것

(c) 선택의정서에 대한 인식을 제고하고, 사관학교 교육과정에 선택의정서 조항을 반영할 것

I. 청원절차에 관한 선택의정서 비준

50. 아동의 권리 실현을 보다 강화할 수 있도록, 위원회는 "청원절차에 관한 아동권리협약 선택의정서(the Optional Protocol to the Convention on the Rights of the Child on a communications procedure)" 비준을 당사국에 권고한다.

J. 국제인권규범 비준

51. 아동의 권리 실현을 보다 강화할 수 있도록, 위원회는 "모든 이주노동자와 그 가족들의 보호를 위한 국제협약" 비준을 고려하도록 당사국에 권고한다.

K. 지역 기구와의 협력

52. 위원회는 동남아시아국가연합(ASEAN) 여성 및 아동인권 보호와 증진위원회와 협력할 것을 권고한다.

IV. 이행 및 보고

A. 후속조치 및 보급

53. 위원회는 본 최종견해에 포함된 권고들이 완전히 이행될 수 있도록 보장하기 위한 모든 적절한 조치를 취할 것을 당사국에 권고한다. 위

원회는 또한 제 5~6차 국가보고서 및 본 최종견해가 당사국의 언어로 널리 이용될 수 있도록 권고한다.

B. 차기 보고서

54. 위원회는 2024년 12월 19일까지 본 최종견해에 대한 후속조치 관련 정보를 포함하는 제 7차 국가보고서를 제출할 것을 당사국에 요청한다. 제 7차 국가보고서는 2014년 1월 31일 채택된 위원회의 협약별 보고지침(CRC/C/58/Rev.3)을 준수해야 하며, 2만 1,200자를 초과해서는 안 된다(유엔총회 결의안 68/268, para. 16 참조). 보고서가 단어 수 제한을 초과하여 제출된 경우, 당사국은 앞서 언급한 결의안에 따라 보고서 분량 축소를 요청받게 될 것이다. 당사국이 보고서를 재검토하여 다시 제출하지 않으면, 조약기구 심의를 위한 번역이 보장되지 않을 수 있다.

55. 위원회는 또한 최신의 핵심문서 제출을 당사국에 요청한다. 공통핵심문서 및 특정 조약 문서에 관한 지침(HRI/GEN/2/Rev.6, chap. I 참조), 유엔총회 결의안 68/268의 제 16항을 포함하여, 각종 국제인권 조약이 규정하는 보고지침에 포함된 공통핵심문서의 요건에 따라 단어 수는 42,400개를 초과할 수 없다.